# 入門 歴史教育

## 授業づくりの視点と方法

別所興一・鳥山孟郎 ［編著］

あるむ

# まえがき

　本書は、これから中学の社会科教師や高校の地歴科教師を志す大学生、歴史教育のあり方を心新たに考え直したいと考えている現職教員の方々に読んでいただくために書いたテキストです。本書の執筆者は、いずれも中学・高校の現場で社会科・地歴科の授業づくりに久しく従事し、大学の教職課程で「社会科・地歴科教育法」の講座を担当してきた者です。

　私たちは、この3年あまり隔月に1回のペースで「地歴科教育法経験交流会」と称する研究会を開催し、各自持ち寄りの教育実践レポートを相互に検討したり、同じような教職歴を持つ外部講師を招いたりして、研究・協議を重ねてきました。2年目の半ばごろから、これまでの研究を踏まえて新鮮な感覚をもつ若い世代の歴史教育に役立つテキストをつくりたい、それを通じて最近のマンネリ化した歴史教育界に一石を投じたい、という気運が高まり、その編集と分担執筆にとり組んできました。

　一般的な教育論や単なるテクニックを排して、歴史の授業づくりの視点と方法を考える上で最小限理解しておく必要のある問題をわかりやすく紹介することに努めました。第二次世界大戦直後に制定された「教育基本法」を基本理念として活動してきた私たちの世代から、21世紀の歴史教育の推進役になる世代に熱情をこめた"希望と警告のメッセージ"を送り届けたかったのです。と言っても、一方通行的な伝達の書ではなく、若い世代の創意・工夫が発揮されるように、生徒たちが活動できる場面・方法を授業の中心にすえることをめざした"問題提起の書"です。情報化・国際化・人間疎外の時代を生きぬくための歴史教育の入門書として、本書が利用されることを心から希望します。

編著者を代表して　別　所　興　一

# 目 次

まえがき

## ［1］歴史教育のめざすもの
1 生徒の歴史意識と歴史教育……………………別所興一　1
2 地域史の掘り起こしと地域教材………………別所興一　8
3 現代史学習の意義と視点………………………鳥山孟郎　14

## ［2］授業方法と教材、評価
1 歴史学習の方法…………………………………鳥山孟郎　20
2 歴史学習のための教材・教具…………………別所興一　26
3 評価について考える……………………………村瀬克己　32

## ［3］授業づくりの方法と授業実践例
1 授業づくりの方法と学習指導案の作成………安井俊夫　39
2 3時間の授業実践例
　　──「満州事変と国際連盟脱退」……………別所興一　52

## ［4］授業の内容構成を考える──具体的事例を通して
1 東南アジアの歴史をどう教えるか
　　──インドネシアを中心に…………………木村宏一郎　60
2 十字軍の授業……………………………………鳥山孟郎　67
3 授業の内容構成を考える
　　──フランス革命……………………………松本通孝　73
4 須恵器と文字を伝えた人びと…………………堀崎嘉明　79
5 江戸時代の海外情報と近代化構想……………別所興一　86

## ［5］歴史教育をめぐる諸問題
1. 自国史と世界史 …………………………………… 鳥山孟郎 92
2. 「アジアの中の日本」という視点を ……………… 木村宏一郎 98
3. 歴史学と歴史教育の関係 ………………………… 鬼頭明成 104

## ［6］学校教育制度と歴史教育の変遷
1. 明治憲法体制下の歴史教育 ……………………… 松本通孝 112
2. 新憲法・教育基本法下の歴史教育 ……………… 松本通孝 118
3. 教育行政と教科教育 ……………………………… 村瀬克己 125

## ［7］外国の歴史教育
1. 考えさせる歴史教育
　　──イングランドの場合 ……………………… 村瀬克己 133
2. 韓国の歴史教育 …………………………………… 波多野淑子 140

## ［8］資料篇
a. 教育の目的に関する基本文書
　　国際理解、国際協力および国際平和のための教育ならびに
　　人権および基本的自由についての教育に関する勧告（抜粋）……… 147
　　教育基本法 ……………………………………………………… 148
　　教育ニ関スル勅語 ……………………………………………… 150
b. インターネットの利用 ………………………………………… 151
　　歴史情報収集のための WEB 重要サイト ………………… 151


執筆者一覧

# [1] 歴史教育のめざすもの

## 1 ……………… 生徒の歴史意識と歴史教育

### (1) 最近の若者たちの生活意識

　比較文化精神医学者の野田正彰氏の著書『この社会の歪みについて』によれば、最近の日本の若者たちは、他人との摩擦を回避するため、自分が感じたり考えたりしたことを他人に言わない自己閉鎖的な傾向が強い。しかも、他人との深いつきあいを敬遠し、周囲の雰囲気に同調しようという傾向が目立つ。そのため、表面的な社交性は発達しているものの、感情がやせて自立的な思考力が育たないという難点が認められる。

　他方、日本青年研究所（文部科学省管轄の財団法人）の2001年8月の調査によれば、「この社会に対して満足か？」という設問に対して「満足」と感じるのは、日本の青年はわずかに9％（アメリカでは72％、フランスでは54％）である。「21世紀は希望に満ちているか？」という設問に対して肯定回答した者が、日本では34％（アメリカで86％、韓国で71％、フランスで64％）である。日本の社会では子どもの時からすでに希望を失い、成人に近づくにつれてますます希望がなくなる仕組みになっている。そのためか、日本の若者たちは、自分が何かしても世の中がよくなるとは思わない、だから社会との関わりを持たない、という傾向が目立つように思われる。

　こうした閉塞状況を打開するためには、若者たちに見られるうまく装った外向きの自分と都合よく閉じこもった内向きの自分との分裂状態を打ち壊すことが必要である。内向きと外向きの自分が一つの人格として統合され、相

手に向き合って自分の意見を主張したり、議論したりできるようになれば、世界の状況を少しでも改善したいと考える気運が生まれるであろう。今日の学校教育は、そうした気運づくりのプロデューサーを求めているとも言えよう。

## (2) 若者たちをとりまく社会環境

1990年代以降の日本社会の主要な問題点の一つは、成熟した西欧社会に見られるワーク・シェアリングに失敗したことである。フリーターや非正規社員が増える一方、正規社員は非人間的な長時間労働を強いられている。経済発展している社会が、必ずしも幸福な社会ではないにもかかわらず、惰性でそのことを議論しないと決めているのではなかろうか。

"新自由主義"と呼ばれる昨今の日本の風潮は、アメリカ帝国に寄生し、その価値観を是認したもので、競争万能・弱者切り捨ての市場原理主義を基調としている。若者たちに限らず、多くの大人たちも、この十数年、物質的な豊かさや生活の利便性を入手した反面、社会的な連帯感やヒューマンな感動の心を忘れかけているように思われる。個々の人間を幸福にしないで、国家を強くしないとおまえも生きていけないぞ、国家が強かったらおまえたちは幸せなはずだ、と脅しつけるようなイデオロギーから、私たちはそろそろ脱皮する必要があるのではなかろうか。

かつてドイツの美術教育学者D・ケルプスは、工場立地にともなう土壌・地下水の汚染、熱帯雨林の無制限な伐採、放射性廃棄物の最終貯蔵所の棚上げなど、現在の経済活動から利益だけを得て生態系のコストを次の世代へ先送りする一連の政策を"未来の植民地化"と呼んで、その危険性を警告した。私たちはこうした自然・人間・社会を根こそぎ破壊する政策や、それに基づくライフ・スタイルを根本的に反省し、地球文明の原点に立ち帰ることが求められている。宮沢賢治の『銀河鉄道の夜』のジョバンニのように、「ほんとうの幸福とは何だかきっと探しあてるぞ」という心意気で再出発することが求められているとも言えよう。

## (3) 教室の中の生徒の現状

　残念なことに最近の歴史授業の教室では、授業に意欲的に参加しない生徒たちが増えている。いわゆる"受験校"では入学試験に直結する科目以外では"内職"や"私語"が多く、"困難校"ではマンガ・化粧・携帯電話などの横行が目立つ。その主な理由として、生徒たちの日常感覚と遊離した入試対応型の暗記中心の歴史授業に対する嫌悪感が考えられる。遠い過去の世界の出来事と自分の日々の生活との間にどのような関わり合いがあるのか実感できない授業内容が、多くの"歴史離れ"の生徒たちを産み出した要因と考えてよいのではなかろうか。その反面、最近の生徒たちは、教師から提示された"社会問題"を深刻に受けとめて悩むよりも、情報検索手段を駆使して機敏に問題解決に着手する"臨機応変の柔軟な生活姿勢"が認められる。それにもかかわらず、これまでの社会科授業は、こうした"現代っ子"のプラス面を生かすような創意工夫を採り入れてこなかったことが反省される。

　他方、今日の日本の授業現場では、ほとんどの場合、教師が"単一の正解"を伝達する場になっており、そこには生徒独自の判断を問い、独自の意見を表明させるような場が存在しない。しかし、現実の社会生活では、"単一の正解"は存在せず、"多様な選択肢＝相異なる見解が併存"する場が少なくない。すなわち、そうした場において人間らしく生きていくために、どうやってより広い視野に立った妥当な道を選択するか、個々人の判断の力量を問われることが多い。特に人権問題・公害問題・男女の処遇や税負担の公平などの社会問題においては、多様な見解の存在を前提にして自分の意見を述べ、論争して社会正義に則した"合意"を形成しなければならない。それは一朝一夕に体得できる能力ではなく、長年月のトレーニングを積むことなしに身につくものではない。

　それにもかかわらず、日本の学校現場では、生徒たちを"単一の正解"しかない世界に追いこんで、多様な解のある課題をどう考えるか、という場から遠ざけてきた。そのために、生徒たちの社会的関心はうすれ、社会問題に対する自主的な判断や選択の力量は低いレヴェルにとどまっていた。地下鉄

サリン事件などで世を震撼させたオウム真理教の主要な幹部たちは、高度の専門知識を持つ偏差値秀才であったが、人間としてどう生きるか、という総合的な価値判断の能力を身につけていなかった。教祖の麻原にマインド・コントロールされたあやつり人形でしかなかった。彼らは今日の日本の学校社会の病弊の産物のように思えてならない。

こうした学校社会の病弊を治療するためには、回り道のように見えても、ホームルーム・生徒会などの特別活動や授業時間に民主的な討論や表現の自由を保障する場を開設して、生徒たちのコミュニケーション能力や他者への共感能力を養成するようなとり組みが必要である。民主的な討論を通じて相手を説得したり、場合によっては相手に共感して自分が変わることもできるという文化的能力を学校段階で養うことによって、自己中心主義の殻を破り、コミュニケーションを通した民主主義の慣行・ルールを実現することができるのではなかろうか。

### (4) 生徒たちの近現代史認識の実態

戦後60年を経て、戦争体験世代が20％をきった現在、高校生の近現代史認識はどのようなものであろうか。2005年9月に歴史教育者協議会が関東圏の高校生388名にアンケートで答えさせた調査結果の一端を紹介したい。(100％に達しない部分は無回答者)

[1] 日本が最も長く戦争したのは、次のどの国ですか。
　①アメリカ　32％　　②イギリス　1％　　③ソ　　連　4％
　⑤中　国　28％　　⑥わからない　31％

[2] 第2次世界大戦について、日本はアジア諸国に責任を認めて謝るべきだと思いますか。
　①侵略戦争を行なったことについてきちんと謝るべきだ。　　　　50％
　②侵略戦争はしていないが、迷惑をかけたことは謝るべきだ。　　5％
　③迷惑をかけたが、戦争とはそんなものだから謝る必要はない。　6％
　④日本は自衛のためやむをえず戦った戦争だから謝る必要はない。　4％
　⑤むしろ植民地から解放してあげたのだから謝る必要はない。　　2％
　⑥どちらとも言えない・わからない。　　　　　　　　　　　　30％

[3] 日本のアメリカ軍基地は日米安全保障条約に基づいておかれているのですが、この条約を維持していくべきだと思いますか。
　①これまで以上に強く結ぶべきだ。　　　　　　　　　　　6%
　②これまで通り維持すればよい。　　　　　　　　　　　24%
　③将来はなくすべきだ。　　　　　　　　　　　　　　　40%
　④ただちになくすべきだ。　　　　　　　　　　　　　　9%
　⑤わからない。　　　　　　　　　　　　　　　　　　　20%
[4] 「君が代」の歌の言葉は、どのような意味だと思いますか。
　①天皇の支配する世の中が永遠に続きますようにという意味。　31%
　②天皇を象徴とした日本が栄えますようにという意味。　　　　23%
　③あなたの幸せが長く続きますようにという意味。　　　　　　10%
　④よくわからない。　　　　　　　　　　　　　　　　　　　　35%

　「わからない」という判断保留の回答の割合が多く、特にアジア・太平洋戦争の学習の不足が目立つ。教師サイドの問題としては、"戦争体験の風化"にともない、戦前の軍国主義教育への反省意識や戦後民主教育を継承・発展させよう、という意識が希薄になったことである。その結果、近現代史授業の内容がうすくなり、生徒たちのアジア諸国民に対する加害者意識が消え、現状追認型の生徒が増えたことである。
　また、現代日本の政治構造を根本的に規定している日米安保体制や、「国歌　君が代」の歌詞について、かなりの割合の生徒が批判的な意見を表明していることは注目に値する。しかし、筆者が教室で教えた実感では、これは関東圏の一部の高校生の傾向で、全国平均値の実態はこれよりも「わからない」という回答の比率が高いと思われる。この"無関心派"というか、"もの言わぬ多数派"の存在こそ、今後の日本にとって憂慮される存在ではなかろうか。
　こうした高校生の現状を打開するためには、どうしたらよいのであろうか。生徒たちは決して学びを拒否しているわけではないから、生徒たちに魅力のある新鮮でドラマチックな教材を用意し、近現代史に対する主体的な関心を呼び起こすような"参加型"の授業法を導入したいものである。

## (5) 歴史教育の今後の課題

　昨今の若者たちの一部には、まだ人生の門口に立ったばかりなのに人生とはこんなものだと浅く割りきり、夢とか理想への志向をあきらめてしまう傾向が見られる。自分の未来に対して希望を持たなくなり、「どうせ学んだって自分の人生は変わらない」「単位取得のための最小限の勉強だけしよう」という"学び"に対するシニシズムがはびこっている。時代閉塞的な政治や格差社会の影響と言えるが、受験体制下の学校ではクラス仲間と切磋琢磨したり、自ら学び考えるよろこびを体験したりする場がなかったために、内発的な自己教育の意欲を失ってしまったことが、その主因とも言える。

　こんな現状を打開するためには、どうしたらよいのであろうか。まず第一に、学ぶことによって自分を変えることができるし、社会・歴史を変えることもできるという確信を生徒たちに持たせることである。いきなり難問を突きつけるのではなく、生徒たちのとっつきやすい課題を与え、小さな"成功体験"を積みかさねさせることによって、「人間が変わる」ことへの確信を深めさせることである。

　第二に、生徒たちの常識・通念を揺さぶり、世界についての見方を変えたり、自ら学ぶよろこびを発見したりする授業場面を設定することである。人権・自由・平和・相互援助など地球人類の普遍の原理に立脚して、歴史的課題に共同してとり組むような問題提起の教材づくりを進めることが、生徒たちの無力感や挫折感を克服する道につながるのではなかろうか。

　第三に、階層や国家の違いを超えて、競争に勝たなくても人間らしく生きていける論理を構築することである。経済力競争のトップに立たなくても、人間的な豊かさが実感できる方法を考案することである。

　地球人類は今日、核兵器によって瞬時に破滅するか、環境汚染によって緩やかに消滅するか、という二つの危機に直面している。このような時代に君たちは、歴史教師として旅立とうとしているのである。

　社会科・地歴科教育の目標については、その概要が"学習指導要領"に記載されているけれども、"初期社会科"の志を受け継ぐ筆者の立場で解釈し

直すと、それは科学的な社会認識と主権者意識を育成することである。借りものの知識を排し、与えられた知識を自分の目でとらえ、自分のものとして血肉化させること、さらに日本・世界の動きに対して主体的な意見を表明できるような基礎的学力を身につけさせることである。鳥山孟郎氏の言葉を借りれば、生徒たちの"内なる帝国意識"に気づかせ、その「国益優先・強者に屈従・脱亜入欧」の思考法を指摘し、その克服策を考えさせることである。

21世紀初頭の日本は、在日米軍の再編・憲法改正・少子高齢化などの問題をめぐって、大きな曲がり角にさしかかっている。今後の日本社会の進路の決定に当たって、過ちのない選択ができるかどうかは、これまでの歴史学習を踏まえた国民一人一人の判断力と行動力に関わっている。また、21世紀の地球社会の明暗は、この学校空間で歴史教師たちが「科学的な社会認識と主権者意識」の育成に向かってどこまで自己教育を果たすことができるかに関わっている。したがって、歴史教育は、苦難の多い地味な仕事であるけれども、21世紀の世界に希望を持つ若者たちのやりがいのある仕事である。

### 主な参考文献

歴史教育者協議会編『社会科の課題と授業づくり』(あゆみ出版　1987年)
教育科学研究会編『高校教育のアイデンティティ──総合制と学校づくりの課題』(国土社　1996年)
村井淳志『学力から意味へ──安井・本多・久津見・鈴木各教室の元生徒の聞き取りから』(草土文化　1996年)
佐貫浩『知的探究の自由──学生の学びの転換と自立への方法』(教育史料出版会　2000年)
山田朗『歴史修正主義の克服──ゆがめられた〈戦争論〉を問う』(高文研　2001年)
鳥山孟郎『考える力を伸ばす世界史の授業』(青木書店　2003年)
井ノ口貴史・子安潤・山田綾編著『授業づくりで変える高校の教室1　社会』(明石書店　2005年)
野田正彰『この社会の歪みについて──自閉する青年、疲弊する大人』(KTC中央出版　2005年)
小熊英二『日本という国』(理論社　2006年)

〔別所興一〕

## 2 　　　　　地域史の掘り起こしと地域教材

### はじめに

　歴史は、人間活動の舞台である地域をぬきにしては語れない。日本史の流れも、地域の歴史の具体相の中でとらえなければ、血の通わない概念的知識にとどまってしまう。

　しかし、多くの学校の授業においては、教科書に書かれた中央の事件・事項を一つひとつ網羅的に解説し、それを覚えこませることに終始しがちである。そこでは、地域の歴史は、まったく無視されるか、刺身のつま程度に断片的に取り上げられるにとどまっている。そのために生徒たちは、自分と歴史とのつながりを見失い、歴史は教科書の中にしか存在しない疎遠なもの、と錯覚する者が少なくない。多くの生徒たちが、高校・大学の入試の対策のために大量の歴史知識をつめこまれながら、肝心の歴史的なものの見方や自国の歴史に対する愛情をほとんど身につけていないのも、同じ理由であろう。このような"歴史離れ"の傾向を持つ生徒の現状を打開するために、身近な地域の歴史に対する興味・関心を呼びさます方法を考察することが、本稿の主題である。

### (1) 今なぜ地域史の掘り起こしか

　今日の若者たちの考え方は、家庭や学校の影響もさることながら、テレビや週刊誌の流す娯楽・情報から決定的な影響を受けるようになった。郷土の自然や生活様式になじみ親しむことよりも、テレビや携帯電話から流れこんでくる大都会の気楽でリッチな生活にあこがれるようになったのである。地方の若者たちの人生の行動の模範は、今やしわ深い父母の世代のそれから、かっこいい大都会の同世代人のそれへと転換してしまったようである。自己中心主義、情緒の不安定、見栄っ張り、大人びた要領のよさなどが、大都会の団地の子どもたちに特有な性行と言われるが、これは彼らに限らず、魂の

故郷を喪失しかけた今日の都市住民に共通する特徴だと言える。戯れ合いとも言える陽気なおしゃべりをしているうちに、何か大切なものを見失ってしまったのではなかろうか。情報産業が進展し、間接的知識が膨張するにつれて、現代人の生活は土着性を喪失して、"漂民化"しているからである。

　他方、民衆史観を標榜するこれまでの歴史教育は、「地域民衆は常に中央政府から搾取される悲惨な生活を強いられ、その抵抗運動はいつも鎮圧されてしまった」という"敗北史観"から脱皮できない状態にあった。つまり、多くの教師は、民衆史観に同調しながらも中央政府の視点から歴史を見てきたために、地域民衆を年貢を納めるだけの隷属的なイメージとしてしか思い浮かべることができなかった。そこには、創意工夫をこらして生産力の向上にとりくむ地域民衆の姿、悪条件にもかかわらず、歴史の主体となり歴史を発展させていく力強い民衆のイメージは、存在しなかったのである。

　こうした状況を打開するために、安井俊夫氏は千葉県の中学での授業実践の中で、地域の教材は子どもから見ると、入りやすさと切実さがあり、その地域に生きた先人たちに"共感"して共に考えよう、という子供の活動を促す契機をはらむことを発見した。具体的な実践例として安井氏は、中学の近くの古墳遺跡とそこからわかるこの地域の人々の歩みを教材の中心にすえ、「なぜ天皇の墓を作るのか」「なぜ東国の人が大和まで墓づくりに行くのか」という"できない子"の発問から出発し、「大和が東国を支配したのではなく、人民の生産要求の高まりが大和と東国の首長の連合を成立させた。(中略)連合政権の成立は、開発・かんがい工事・農具の調達など人民の要求にとって有利な条件となり、人民の生産要求を実現する方向で展開していった」ことを解き明かした。そして、「地域民衆の立場から歴史をとらえていくこと＝"できない子"の論理をのばすことは、人民が歴史を作ったのだという挫折史観克服の道であるとともに、差別・選別の教育を拒否することにもつながるものです。地域から歴史をみていくことは歴史論であるとともに教育論でもあるのです」と安井氏は力説している。

　私たちは単に先人の地域史研究の成果を授業で受け売りするだけでなく、足元の地域の歴史を自らの手で掘り起こし、それを教材化する研究にとり組

みたいものである。それは子どもたちを学習の主体に育て、さらには地域・生活の主体にもなり得る学力（知識・意見形成）を養わせる道につながる。また、根っこのない浮き草のように"漂民化"しかけた子どもたちを歴史学習に本格的にとり組ませる"動機づけ"にもなると言えよう。

(2) 地域史教材化の留意点

地域史の教材化に当たって留意すべきことは、第一に生徒たちの"郷土意識"の実態を踏まえることである。昭和初期には"郷土愛"が国家的に強調され、個人の意向はともすれば地域全体のために埋没させられがちだった。これに対して最近の生徒たちは、個人の幸福追求を第一義的に考える傾向が強くなり、自ら"郷土"の担い手の一人となって"郷土"の発展を考えよう、という積極的な姿勢が乏しくなった。このような生徒たちの実態を踏まえ、その予備知識のレヴェルを事前に調査した上で、地域社会の主体的な担い手を育てる学習指導にとり組むことが必要である。

第二に、地域史学習にとり組む時間的ゆとりを生み出すために、一般的な通史の教材を"精選"することである。あれもこれも教えこむという網羅的・羅列的な指導に流れないように注意し、必要最小限度の基本事項に焦点を合わせるという観点から、教材の精選・構造化をはかることである。

第三に、地域史学習の内容は、その地域の生活者の身近な関心にこたえるように構成することである。つまり、生活史という観点を中核におき、単なる文化財学習に陥らないように注意することが肝要である。

第四に、地域資料を取り上げる場合、生徒の知的関心や向学心を触発するように配慮することである。そのためには、探究学習・発見学習を促すような多様で創意に富んだ学習指導法を工夫改善することが大切である。

(3) 学習指導案の実践例（特設テーマ学習「渡辺崋山とその時代」）

1）特設テーマ設定の理由
　①筆者の勤務校が、渡辺崋山の自刃の地である三河田原の近くにあり、崋山は東三河地方史に登場する最も著名な人物の一人であること。

②崋山という人物を窓口にすることによって、化政・天保時代——内憂外患をかかえた幕藩体制の崩壊が始まる時代の構造をより深く理解できること。

2）本時の学習指導のねらい

①化政・天保期の文人画家としての崋山、田原藩家老をつとめた政治家としての崋山、『慎機論』を著した開国進取の思想家としての崋山など、崋山の人間像を時代との関連で幅広く考察する。

②崋山は、その時代において迷い、選びつつ生きた。その迷いと選択のプロセスをできるだけ正確に追跡させるようにする。歴史を超越した道徳教育的な人物把握に陥らないように注意する。

③生徒の知的関心を触発し、探究的な学習を促すために、"自己展開学習"を部分的に導入する。生徒の発表内容のポイントをしぼるために、発表分担の生徒を事前に呼んで、資料プリントを点検・調整する。

3）本時の学習指導過程

〔第1時〕 天保時代の田原藩の状況と崋山の略歴

| 時 間 | 学 習 指 導 内 容 | 指 導 上 の 留 意 点 |
|---|---|---|
| 5分 | *〔既習事項の復習〕<br>列強の接近、大塩の乱、天保の改革 | *発問により既習事項の確認と再生をはかる。 |
| 15分 | *講義「天保期の田原藩」<br>a　藩経済と農民・武士の生活 | *『田原町史』中巻を基本資料とする。田原藩領の地図、藩の年間収支や農民の税負担の概要、藩士給米の借上・引米の状況などを図解した資料プリントを配布して説明する。 |
|  | b　海岸防備策 | *田原藩領の海岸防備の状況の略地図プリントを配布して説明する。 |

| 5分 | *講義「三河加茂一揆」<br>　a　5日間で1万人を超える規模になった要因<br>　b　水野忠邦の天保の改革への影響 | *近隣の藩領で起こった大規模な一揆(1836)として注目させ、略地図のプリントなどを使って、その経過をつかませ、田原藩領と対比する。 |
|---|---|---|
| 20分 | *生徒発表「崋山の生涯」<br><br>（指名生徒に資料プリントを準備させる） | *崋山の略年表の資料プリントを作らせ生涯の概要を発表させる。崋山の言行で共感する点、疑問に思う点も発表させ、聞き手の生徒にも意見発表させる。 |
| 5分 | *教師の補足説明 | *崋山の人物の特徴、特に高野長英との相違点を明らかにする。 |

〔第2時〕　崋山の画作と家老としての業績

| 20分 | *講義「崋山の絵画」 | *教師手持ちのスライドの中から15枚ほど選択して、崋山の画作の特徴や背景、特に蕪村や北斎の画作との相違点・共通点などを重点的に解説する。 |
|---|---|---|
| 20分 | *生徒発表「崋山の農政思想」<br><br>（指名生徒に資料プリントを準備させる） | *天保の飢饉の際に崋山が国元に送った「凶荒心得書」などの書簡類の資料プリント（註・解説つき）を使って、田原藩家老として実施した農業政策、その背後の農民観の要点を発表させる。 |
| 10分 | *教師の補足説明 | *崋山の農政思想を、大蔵永常・二宮尊徳らのそれと対比して考察させる。 |

〔第3時〕　崋山の海外認識と崋山没後の田原藩

| 20分 | *生徒発表「崋山の海外認識」<br><br>（指名生徒に資料プリントを準備させる） | *崋山の海外認識、特に西洋諸国の政治制度や対外政策の特徴、その背後の思想・宗教の概要を発表させる。『慎機論』などは原文が難解なため、現代語訳の史料プリントを準備させる。 |

| | | |
|---|---|---|
| 15分 | ＊講義「崋山の思想史的位置」 | ＊崋山・長英・佐藤信淵らの著作を抜粋した資料プリントを使って、開国前夜の海外認識の特性をとらえさせる。 |
| 15分 | ＊講義「崋山没後の田原藩」 | ＊崋山の門人村上定平・松岡次郎らによる西洋式軍制改革やナポレオン伝出版など田原藩の動向を略年表で紹介し、幕末の政局との関連を考察させる。 |

参考文献

安井俊夫「東国と大和朝廷」(『子どもと学ぶ歴史の授業』地歴社　1977年)
宮原武夫「地域の掘りおこし運動と地域に根ざす歴史教育」(歴史教育者協議会編『歴史教育50年のあゆみと課題』未来社　1997年)

〔別所興一〕

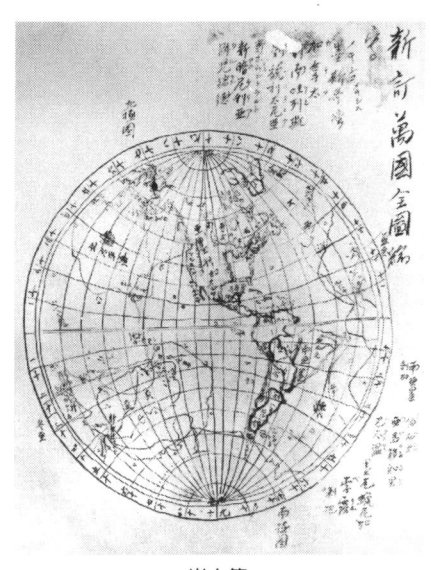

崋山筆
『新訂万国全図』

崋山筆
「牢中縮図」

## 3 ……………… 現代史学習の意義と視点

### (1) 戦争中の日本による加害の事実をめぐって

　歴史教科書の内容をめぐって、第二次世界大戦中の日本による中国・朝鮮・東南アジアに対する加害の事実をどのように記述すべきかが大きな争点になっている。そこでは、強制連行、従軍慰安婦、南京大虐殺などについて記述することの是非が問われている。

　それでは高校生は戦争中の日本による加害の事実についてどのように受けとめているだろうか。彼らの多くはこの問題にかなりの関心を示し、昔の日本はひどいことをした、アジアの人々はかわいそうだと感じている。しかしその一方で、それらは自分とは関係のないことだと思っている。だから、謝罪だとか賠償だとか言う話になると、「どうして何時までもしつこくむし返すのか、いい加減にしろ」と言うことになる。たしかに、彼らの生まれる半世紀も前のことで、責任を問われてはかなわないと思うのは当然である。

　加害の事実をどれだけ丁寧に時間をかけて教えても、歴史の学習が第二次世界大戦で終わってしまっては、中国や韓国・朝鮮の人々がなぜ過去の問題にこだわるのかが生徒たちには理解できない。むしろ、先生はどうして日本の悪いところばかりに力を入れて教えるのかという不信感を高めることになる。世界の歴史を見ていけば残虐で悲惨な出来事は枚挙にいとまがない。問題は加害の事実についての、その後の日本の責任のとり方にある。

　多くの生徒は、日本はアメリカ・中国・韓国に対してはすでに賠償の支払いを済ませていると思い込んでいる。しかし実際には、この三国はいずれも賠償請求権を放棄しており、賠償金は一銭も受け取っていないのである。その間のいきさつと残されている問題については、現代史の学習を通してはじめて理解することができる。

## (2) 現代史学習はなぜ必要か

　現代史とは何時から始まるのかについてはさまざまな意見があるが、ここでは日本の敗戦による第二次世界大戦の終結以後とする。

　歴史を学ぶ上で現代史の重要性は多くの人々が認めるところであり、「日本史Ａ」「世界史Ａ」の科目は近現代史を中心にしている。しかし、学校の授業の中で現代史については今まであまり時間をかけて教えられていない。

　それでは、現代史を学習する意義はどのようなところにあるのだろうか。

### 現代との対比で過去を見る

　現代史を知らなくては、それ以前の歴史についても十分に理解できないからである。はじめに触れた戦争中の日本による加害の問題がそのよい例である。文学や美術の歴史についても、本当は現代の文学や美術についての知識なしには十分に理解できるものではない。過去の歴史を学ぶとき、現代については経験的にわかっているものとして、現代との対比や現代とのつながりにおいて過去が語られることが多い。しかし、生徒たちは現代についても教えられなければ知らないのだということを忘れてはならない。

### 自分の生活との関わりで考える

　生徒自身の歴史理解にかかわる問題である。生徒たちは歴史の授業で学んだ知識を自分の日常生活とは無関係なものとして受けとめている。そのため、歴史の学習はテストのために暗記して、テストが済めば忘れてしまって、生徒自身の感性や価値観の中にほとんど影響を与えていない。しかし、生徒自身が生まれた時代、生きてきた時代を学ぶことによって、歴史の学習が自分の生活に直結していることを実感することができる。だから、少なくとも生徒の生まれた年代までは授業で扱って、大きな歴史の流れの中で生きていることを感じ取らせたいものである。ただし、現代史の学習は一年間の最後になるので、年度当初から歴史の学習と日常生活との関わりを感じ取らせようとすれば、別にそれなりの工夫が必要になる。その一つとして、現代史学習

からはじめて次第に過去にさかのぼるという進め方もある。

### 現代の動きを歴史的に理解する

　生徒が生きる現代の社会そのものを客観的・構造的に理解するためには、さまざまな問題を関連づけて相互の因果関係を把握することが大切である。それがすなわち現代史学習にほかならない。生徒の現代史認識は断片的な知識の寄せ集めであり、相互のつながりがなく、全体像を持たないために主観的、一面的である。それは「現代社会」や「政治経済」の授業における環境問題とかイラク戦争という時事的なテーマ別の扱い方や、政治制度、国際経済、金融制度などの分野別の扱い方ではカバーできない。例えば、イラク戦争についていえば、単に事件の経過を追うだけでなく、アメリカの中東政策とその背景にある石油資源やパレスチナをめぐる問題、国際的な核軍縮問題、中東地域におけるナショナリズムとイスラム原理主義の問題などをあらかじめ歴史的経過を踏まえながら学習した上で、はじめて客観的な理解が得られる問題である。

## (3) 現代史のとらえ方

### 時期区分の重要性

　現代史を扱う場合にテーマ別、各国別に見ていく方法がある。これは現代のさまざまな動きを性格の違いや相互の関連を無視して、ただ年代を追って羅列することに比べると、一つのまとまった知識が得られるという点で優れている。また、生徒自身で調べるような場合にも取り組みやすい方法である。しかし、各時期ごとの社会の構造の変化をぬきにしては、そこに生起する出来事を正しく理解することはできない。

　アジア・アフリカの民族運動の盛んだった時期、米ソ冷戦のもとで核戦争による人類滅亡の危険が本気で語られた時期、日本人の大部分がテレビも電気冷蔵庫も乗用車も持っていなかった時期、そうした時期の動きを理解するためには現在の状況との違いを踏まえておく必要がある。そのためには、時期区分を明確にし、生徒たちがその時期の特質、現在との違いをはっきり理

解できるようにすることが大切である。

　現代史の時期区分について定説があるわけではない。人によってさまざまである。しかし、多少の共通点がないわけでもない。その共通点を探りながら、とりあえずは自分なりの時期区分をしていく他はない。ただし、時期区分を明確にすることは、一定の歴史の見方の枠組みを押しつけることになる懸念がある。その時期区分はあくまでも暫定的なもので、とりあえずの座標軸として生徒たちが歴史の流れと各時期の違いをとらえ易くするためのものである。

### 生徒の生活実感につなげる

　現代史を学習する上での利点は生徒の生活実感とのつながりがもてる点にある。生徒の生活実感を歴史学習に結びつけていくためには、政治的な事件や戦争などに限らず、経済や文化の動きをその時代の大きな流れの中に位置づけて教材化していく必要がある。食卓の野菜ひとつとってみても、あるいは牛丼やハンバーガーの人気にしても、その背景には日本人の生活スタイルの変化を見ることができるし、世界の経済構造の変化にも深く関係していることがわかる。

　また、生徒の生活の場である地域社会の変化を通しても世界の動きを見ていくことができる。その地域の農産物や工業製品の生産品目、土地利用、道路や鉄道、産業別労働人口などの変化を見ていくと、日本の政治・経済動向や国際社会の動きを反映していることがよくわかる。

　現代史に関しては大小さまざまな事件や情報があふれていて、大きな事件だけでも限られた時間ではとても扱いきれるものではない。教科書でも現代史の場合には羅列的にたくさんの事項が登場する。そのためにどうしても広く浅くになりがちである。しかし、それでは生徒たちに内容を理解させることはできない。数多くの事項の中から、いくつかのテーマにしぼる必要があり、その内容を深めることを通して歴史の全体像に迫ることを考えるべきである。そのためにはそれぞれのテーマを取りあげるねらいを明確にする必要がある。そこでは、教師自身の現代世界に対する課題認識が問われることに

## (4) 現代史学習の内容と構成

次に、各人なりの現代史の取りあげ方を考える上での参考として、世界史に関する時期区分とテーマについて、一つのモデルを挙げてみることにする。

### 1) 1945年～1960年

米ソの対立が表面化してヨーロッパでは西欧のNATOと東欧のワルシャワ条約機構とが軍事的に対立した。東アジアでも朝鮮戦争によって米ソの対立が決定的になった。しかし、核戦争の危険が高まるとともに米ソ間の平和共存の必要性が認識され始めた。この間にアジア・アフリカの各地で民族運動が盛んになり、政治的な独立を達成していった。

①ベルリン危機と米ソ冷戦のはじまり ②アジアの独立運動と中国の社会主義革命 ③朝鮮戦争とサンフランシスコ講和 ④朝鮮戦争後の東アジアと日本の経済復興 ⑤核兵器の発達と平和共存への動き ⑥スエズ運河国有化と植民地支配の崩壊 ⑦社会主義諸国の発展とキューバ革命

### 2) 1960年～1973年

独立したアジア・アフリカ諸国は経済的な自立をめざし、開発の促進による経済格差の解消が大きな課題となった。アメリカは発展途上国のアメリカ離れを阻止しようとして、南ベトナムの親米政権を支援して軍事介入を深めた。そのため、アメリカの経済力に陰りが見え始め、ECや日本の経済力が強まった。また、アメリカはベトナム戦争での失敗により国際的な影響力が弱まり、中ソ対立など社会主義陣営内の分裂傾向と相まって多極化が進んだ。

①キューバ危機とアメリカの公民権運動 ②南北問題とその対応策をめぐる対立 ③韓国の政変とアメリカの極東戦略 ④日韓条約の調印と韓国の工業化 ⑤ベトナム戦争とアメリカの覇権の動揺 ⑥日本・西ドイツの経済発展と中ソ対立 ⑦パレスチナ紛争と中東戦争

3）1973年～1991年

　石油危機による世界的不景気の中で、それまでの重化学工業を中軸とする時代からエレクトロニクス産業を中心とする情報化の時代に入り、先端技術を独占する先進工業国と開発途上国との格差はいっそう増大する。また、米ソの核軍拡競争の激化が両国の経済に重い負担となり、ソ連でもペレストロイカによる改革が開始されたが、社会主義体制の崩壊をくい止めることができなかった。

　①第一次石油危機と産業構造の変化　②アマゾンの開発による環境破壊と先住民　③インドシナ難民と中国の改革開放政策　④日本資本の海外進出と外国人労働者の増大　⑤レーガンの新冷戦政策と反核運動　⑥アメリカ経済の悪化とペレストロイカ　⑦ベルリンの壁の崩壊と米ソ冷戦の終結

4）1991年～

　ロシア・東欧では計画経済から市場経済への移行による混乱から産業が衰えた。経済の急速なグローバル化が進む中で多国籍企業による国境を越えた利潤追求と市場競争が激化した。米ソによる世界戦争の危険はなくなったが、民族や文化の違いによる対立から各地で内戦が起き、多くの難民と死者を出した。湾岸戦争後のアラブ世界では反米感情が高まり、イスラム原理主義による反米テロ活動が盛んになった。これに対抗してアメリカは国際的な合意によらずに強大な軍事力を背景に自国の主張を貫こうとしていった。

　①ロシアの弱体化と中国の経済発展　②IT産業の発展と経済のグローバル化　③アフリカの貧困と内戦　④核兵器の拡散と核軍縮　⑤朝鮮半島の緊張緩和　⑥湾岸戦争後のアラブ世界の反米感情　⑦9.11とアメリカの単独行動主義

**参考文献**

古田元夫「経済成長と国際緊張の時代」（『岩波講座　世界歴史26』岩波書店　1999年）

〔鳥山孟郎〕

# ［2］　授業方法と教材、評価

## 1 歴史学習の方法

　授業は生徒と教師とによって作り出すものなので、教師が予定したとおりに進むわけではないし、ある教室でうまくいったからといって他の教室でうまくいくとは限らない。授業の流れは教師の計画と生徒の学習に対する関心や意欲、それに教師と生徒および生徒相互の人間関係との3つの要素によって決まる。ここでは教師が計画するものとしての授業方法について述べる。

　授業の方法にはその目的に応じてさまざまな形態がある。日本で一般的に行われているのは、教師が教科書の内容をわかりやすく説明し、生徒は教師の説明を理解しておぼえるという講義式の授業であるが、その他にもいろいろな授業の形態がある。

### (1) 講義式の授業

　〈板書〉この授業では各時代の社会のしくみとか、出来事の相互の関連や時代の流れをわかりやすく整理して理解させることに力点が置かれる。そのために「板書」が重要な役割を果たす。教科書の内容をキーワードを用いて図式化することによって、複雑に錯綜する相互の関連や社会のしくみを簡潔に整理して頭に入れることができるからである。「板書」は教師の説明に合わせて内容を加えていき最後に完成するので、教師の説明に注意を集中させる上でも、完成された図式を用いるよりも優れている。

　〈発問〉教科書の内容を説明する場合に、教師が一方的に説明するよりは

生徒に問いかけて答えさせながら進めていくことがのぞましい。生徒が自分の力で教科書の内容を読み取ることによって能動的に授業に参加する姿勢にもっていくことができるからである。そこで、授業のポイントを押さえ、次の説明につながるような適切な問いかけを用意することが大切になる。

〈教材の活用〉教師の説明を補い理解を容易にするために地図・年表をはじめとする各種の副教材や資料がある。これらを用いることによって歴史的事象についての具体的なイメージを生徒に持たせることができる。古い時代、遠い地域を扱う場合には生徒の日常経験とは異なるものが多いので、特にその必要性が大きい。また、教科書の場合と同様に、教師が説明するだけでなく、生徒自身がそれらの資料から読み取って答えることのできる発問を用意すると、いっそう効果的である。

〈作業〉作業課題に取り組ませることによって、理解を容易にし、知識を確かなものにすることができる。地図や年表に必要事項を記入させる、統計数字からグラフを作らせる、教科書や史料の文章を書き写させる等がある。その場合には、その作業によって何がわかるのか、それが歴史の理解にどのように役立つのかを事前に説明して、生徒に納得をさせておくことが大切である。意味が分からずに行う作業は、きれいに仕上げることに夢中になったり、ぼんやりと手を動かすだけで頭が働いていないことが多い。

〈興味を持たせる〉あらかじめ決められた内容を受け入れるだけの授業は、生徒にとっては学習することの意義や面白さが実感できにくい。そのため、知的好奇心の乏しい生徒の興味と関心を持続させることが難しく、飽きさせない授業にするための工夫が必要になる。生徒が「おもしろいエピソード」を期待するのもそのためである。そこでは、概念的、論理的な説明ではなく、生徒の日常感覚で理解できる人間の行動のさまざまな場面を具体的に語ることが求められている。

生徒の興味を引くためにクイズを用いる方法がある。3〜4の選択肢の中から正解はどれかを予測させ、その答えを説明するかたちで学習を進めていくことによって、生徒の意識を授業に集中させることができる。この方法が効果を上げるためには、生徒に考える気を起こさせるような意外性があり、

歴史の理解を深めることにつながる問いでなくてはならない。

　絵画や写真、実物などを見せたり、音楽を聴かせたり、ときにはビデオを見せたりすることも興味を持たせる上でよい方法である。それは具体的な事実を物語っているからであり、言葉や概念に頼る知識中心の授業の中での気分転換にもなる。さらに、それが学習内容の中に正しく位置づけられていれば、学習効果を上げることにも役立つ。

　〈知識の定着〉学習した事項についての知識を定着させるための方法に小テストがある。週に1回程度、狭い範囲で重要な年号、人名、制度、事件、歴史用語など既習の知識を確認することによって、記憶を確かなものにすることができる。また、歴史的事件の因果関係、社会の仕組み、時代の特徴などについての理解を確かなものにするためには、教科書やノートを参考にして説明文を書かせるとよい。点検や添削に時間がかかるためにあまり行われていないが、論理的・構造的に社会の動きをとらえる見方に慣れ、文章で表現する力をつけることができる。

### (2) 考える力を伸ばす授業

　上記に示したような講義式の授業は教師からの一方的な知識の注入に陥りやすい。そこで、生徒が主体的に授業に参加し考える力を伸ばしていくためには、次のような方法を取り入れる必要がある。これらの方法を部分的に取り入れるか、この方法を軸にして1年間の授業を全面的に組み替えるかは、それぞれの教師の主体的条件や生徒たちの置かれた状況によって異なるであろう。

　①歴史的な見方を鍛える

　〈多様な見方を知る〉その1つは、過去の事実について多様な見方、記述、解釈があることを知り、実在する明白な証拠に基づいて生徒の一人ひとりがそれぞれに自分なりの意見をもてるようにすることである。例えば、「コロンブスの新大陸発見」に対して、「発見」ではなく「侵略」だとする見方もあれば、「出会い」だという人々もいる。あるいは、日中戦争について過去

の過ちに学ぶと言うときに、中国と戦争したことが間違っていたのか、虐殺や略奪を繰り返して民衆全体を敵にまわしたことがいけなかったのか、アメリカとの戦争にまで拡大してしまったことがまずかったのか、さまざまな見方がある。

　このような多様な見方があることを知り、その違いがどこから生じるのかを考えることを通して歴史を探究する意欲と姿勢が生まれ、自分なりの意見を形成していくことができるのである。

　〈因果関係を分析する〉　第2に、歴史的事象の因果関係について考えたり相互の関連を構造的に把握することである。しかし、それは一つの結論を教師が説明するのでは生徒が考えたことにはならない。そこで教師の為すべきことは、問題を考える上で必要な事実や資料を提示して生徒自身の分析結果をまとめさせ、生徒各人の結論を相互に検証し合うことを通して各人の考え方を深めさせることである。

　②討論授業
　〈討論の意義〉歴史上の事件や現象についてその評価や解釈をめぐって、生徒たちが互いの意見を出し合って討論をするやり方がある。具体的な問題をめぐる判断には100％正しいという答えは存在しない。実際におこなわれた行動以外にもさまざまな選択肢があり得たことを知り、それぞれの行動がもたらしたであろう結果を比較して、その長所と問題点を見つけだしていくことが大切である。

　いずれの道を選択すべきだったかをめぐる討論によって、生徒は総合的に問題を考え、自分の意見を整理して、相手に理解できるように説明する必要に迫られる。また、他人の意見を聞くことによって、多様な見方の存在を知り、どこに論点があるかを知り、自分の意見の長所と欠点に気づくことができる。

　〈テーマの立て方〉討論が成り立つためには生徒の問題意識を刺激し、考える意欲を起こさせるテーマを立てる必要がある。そのためには歴史を理解する上で重要な意味を持つ問題を扱い、人数が一方の意見に偏らないような

選択肢を用意すること、そして、抽象的な概念を用いるのではなく事実に基づいて判断できるように具体的な場面を設定することが大切である。例えば、「日本が中国と戦争を始めたことに賛成か反対か」よりは、「1937年12月に日本軍は首都南京を占領したが、中国は降伏しなかった。この時日本は、軍隊を引き上げた方がよかったのか、そのまま戦争を続けるべきだったのか」とするほうがよい。

〈教師の役割〉自分の意見をまとめ相手の意見に反論するためには、判断の材料となる知識が必要となる。そのためには、事前の授業でその材料を提示するとともに、生徒が自分で調べる時間を与えることが大切である。教師の役割は生徒の結論をある方向にもっていこうとすることではなく、判断の材料を提供したり、論点を明確にしたりすることにある。

〈発言を引き出す〉生徒は自分の意見を発表したり他人の意見を批判することにしり込みする場合が多い。そこで、あらかじめ各人の意見を紙に書かせて、同じ意見の者でグループを作る。そして、各グループで話し合いをして、その内容を発表させることによって、生徒たちの意見が出やすくする。

③発表授業

〈発表の意義と形式〉生徒が歴史に対する問題意識を深め、自分なりの歴史像を形成していく上で役立つのが、調べて発表するという学習である。発表の形式には、歴史新聞のように提出したものを展示する場合と多数の生徒の前で実演をする場合とがある。後者の場合には劇や紙芝居、ロールプレイングや模擬裁判などがあるが、ここでは一般的な説明形式の発表を主として扱うことにする。

〈テーマの決め方〉この学習はグループで行う場合と一人で行う場合とがあるが、いずれにしても与えられたテーマについて調べるというのではなく、各人の問題意識に立ってテーマを決めることが必要になる。そこでは、生徒の問題意識を喚起することが教師の重要な役割となる。そのためには、事前に大きなテーマについて教師が問題提起を行い、それに関連してそれぞれの生徒が疑問に感じた点について探究するという方法がある。

〈聞き手からの質問〉発表の内容を充実させようとする意欲を高めるためには、聞き手に感想を書かせたり評価をさせるとよい。しかしそれ以上に励みになるのは聞き手からの質問であり、質問に答えることを通して発表者は自分の考えの不十分な点に気づき、その問題意識を深めることができる。そこで、質疑応答の時間をつくり何人かの生徒から必ず質問が出るようにする必要がある。

そのためには、発表する内容について聞き手の側にある程度の予備知識がなくてはならない。そこで、教師の問題提起に応じたテーマにするとか、一定の範囲の既習事項の中からテーマを選ぶという必要が生じる。

④現実社会の中から学ぶ

〈時事問題〉歴史学習と現実社会のつながりを感じ取らせるためには、教室の外に生徒の目を向けさせる必要がある。その1つとしては時事問題を授業の中で話題にすることである。現実社会のどのような出来事にも必ず歴史的背景があり、それを知ることによって問題の本質がより深くわかってくるものである。

〈生活の中にある歴史〉ノンフィクションやルポルタージュなどの書籍、映画や展覧会あるいはテレビ番組などにも、歴史と関係のあるものは少なくない。それらを授業の中で紹介して興味を持たせることによって、生徒の日常生活の中に歴史との関わりを増やしていくことができる。読んだり見たりしたものについて随時、感想を提出させて、よく書けているものをプリントして全員に配布すれば教室全体の話題にすることもできる。

〈校外での学習〉史跡や博物館の見学とか、関係者へのインタビューによる聞き取り調査などを授業の内容に関連づけて実施すれば、授業で学んだことが実際の社会の中でも生きていることが実感できる。学校や学年の行事の一環として行うとか、夏休みなどの課題とするなどの方法もある。

〔鳥山孟郎〕

## 2 歴史学習のための教材・教具

### (1) はじめに

　学校現場では、受験対策中心の項目羅列型の授業が相変わらず主流を占めている。こうした授業の通弊を是正するために、生徒たちが自ら身を乗り出して考えようとする切実さを持った教材を編成したいものである。
　学年度最初の授業においては、いきなり本論に入るのではなく、その前に「歴史をなぜ学ぶのか」という原点に立ち帰らせ、歴史学習の方法についてのガイダンスを設定することが必要である。歴史はすべて現代の立場から、生きるための力を生み出し、その方向を探るために書かれ、学ぶものである。こうした原点を再確認させた上で、歴史の学び方──過去の社会と人間のあり方を、時間的経過の中で実証的に考察する歴史学習のノウハウを具体的に指導することが大切である。次に、その概要を教材ごとに解説したい。

### (2) 主たる教材としての「教科書」

　通常の授業においては、国の大綱的基準である"学習指導要領"に基づく教科書を重視しないわけにはいかない。生徒たちにとっては、教科書は日々の学習の最大の拠り所である。しかし、現実の教科書は、現行の検定制度のためか、どの教科書をとっても、歴史の骨組みをたどっているだけで、歴史の面白さを感じさせる人間記録や資・史料が不足している。教師サイドでそれを補うことが求められている。また、教科書の重要語句を羅列的に解説するだけでは、生徒たちにとってまったく味気ないし、歴史の大きな流れをつかむこともできない。
　こうした教科書中心の概説型授業の弱点を補強するために、私は「設問形式による日本史学習」と題する自作プリントを事前に配布して、授業展開に利用してきた。このプリントの設問集（ワークシート）のねらいは、教科書の重点事項を設問化し、予習の際の"考えるヒント""着眼点"として利用

させることである。例えば、教科書の「化政文化」の節に位置づけられている「国学の発達」の項目では、次のような設問を設定した。

①国学とはどんな学問・思想か。儒学や洋学と対比して、その特徴を三つあげよ。
②プリントの史科（玉勝間・秘本玉くしげの抜粋）を読んで、国学の大成者・本居宣長の古道論・学問論・政治経済論の特徴をまとめよ。
③平田篤胤の国学は、宣長の国学とどのように異なっているか。また、それは幕末維新期の政局にどのような影響を与えたか。
④国学を信奉したのは、どのような階層の人々か。また、本校所在の東三河地方には、どのような国学者がいたかを調べよ。

この設問プリントは、授業内容の焦点化や深化にも役立つが、設問のいくつかを事前に生徒を指名して調査・発表させたりすることもできる。また、プリントの余白には、教科書にない史料や図版・エピソードなどを採録し、時代像をより豊かに理解させたりすることもできる。授業時の羅列的な説明や板書を省いて、自宅学習にゆだねたりする場合にも、この設問プリントは好都合である。ただし、設問プリントは紛失しやすいので、学年度当初に専用のファイルを決めてきちんと保管するように指示したいものである。

もう一つ付け加えたいことは、近年どの教科書にも「教授資料」とか「指導書」と称する"教師用トラの巻"が準備されていることである。そこには年間指導計画表・板書事項・重要語句や図版の説明・テスト問題例などが、ぎっしり詰め込まれている。教師はこれを一読しておけば、授業準備を改めて行わなくても、本番授業に臨めるという便利な参考書である。しかし、これに依存しすぎると、教師個人の授業の持ち味は失われ、パソコン教室のインストラクターのような没個性的な授業に終始することになる。

明日の日本の主権者の育成をめざす社会科・地歴科の教員である以上、自らの創意工夫で教材を開発・編成する能力を失いたくないものである。授業準備に「教授資料」を利用することはよいとして、それだけに依存することなく、時には図書館や書店に出かけて歴史学研究の新しい成果を示す論文集・概説書・新書などを入手するとともに、歴史教育の先輩たちの授業実践報告を収録した雑誌や教育専門書を閲覧して、授業づくりのための幅広い情

報の収集・考察に努めたい。そうした主体的意欲的な授業姿勢こそ、ともすればマンネリ化しやすい教科書中心の授業に新しい風を吹きこみ、生徒たちの若者らしい問題意識を触発することになると言えよう。

## (3) 副教材（「史料集」「図録」など）の取り扱い方

　教科書の内容をより深く理解させるために、多くの学校では生徒たちに指定の副教材を購入させている。副教材は基本的には家庭での自学自習用であるが、その有効な利用法を学年度当初にガイダンスすることが必要である。

　「史料集」や「図録」（多くの場合、年表を含む）は、授業時にはかならず持参させ、必要な箇所で参照させて解説を加えるようにしたい。

　歴史書の記述は、想像力の産物である文学書と違って、史料による確かな裏付けを必須条件にしている。したがって、原文史料をじっくり読み、そこから歴史の真相を実証的に解き明かすトレーニングは、道草ではなく、歴史学習の王道であることを強調したい。史料解読のキーワードの発見やテキスト・クリティックの要領を説くとともに、史料が物語る時代像と教科書の記述との関連に注目させるようにしたい。

　文献史料だけでなく、「図録」に収録されている絵画・画像史料も、授業時間においてじっくり観察させるようにしたい。教師の説明の単なる補助手段としてではなく、生徒一人ひとりに一枚の絵画資料とじっくり対面させ、自分の手持ちの知識や感性を総動員して分析・考察させることによって、さまざまな歴史解釈を引き出し、それぞれ独自の歴史像を思い描かせることができるからである。生徒たちはそれぞれの歴史像を思い描くことによって、自ら考えること、歴史を学ぶことのよろこびを体験できるはずである。例えば、中世の絵巻物『一遍上人絵伝』の「福岡の市」の絵図を注視させて、「この絵図からわかることを箇条書きにしなさい」と指示し、ミニ・レポートを書かせ、そのいくつかを発表させるとよい。そのことによって、中世庶民の素顔の生活をリアルに豊かに解読することができるからである。

　また、「図録」の中の図表・統計・地図・年表などを参照させることによって、教科書本文の記述ではつかむことのできない時代の大きな思潮や生活史

の一断面を手ざわりの実感でつかみとらせることができる。

(4) 視聴覚教材(スライド・VTR・DVD・録音テープなど)の活用法

　文化史・生活史などの分野では、活字だけで理解することは難しいので、生徒たちの視聴覚に訴えて具体的なイメージをつかみ取らせることが大切である。例えば、平安時代の美術は、字句による説明よりも、具体的な建築物や彫刻・絵画などをスライドで提示することで、その特徴を具体的に理解することができる。江戸期の幕藩体制の組織は、板書による図解よりも文字スライドやOHPのトラペンで提示した方が、生徒にとってわかりやすいし、板書時間を節約することもできる。ただし、提示するだけでは、一時的に生徒の感覚にとどまるだけであるから、事前に「ワークシート」のような印刷物を配布して予習させたり、授業時に書き込むなどの作業をさせるとよい。

　VTR・DVD・録音テープを利用する場合には、授業中、生徒たちが安易な受け身の姿勢に終始しないように、着眼点を設問形式で明示（これがないと、教師サイドでぜひとも考えさせたい重要事項を見落とす恐れがある）した「感想メモ用紙」を配布して、視聴後に10分ほど記入時間をとって、授業後提出させる方法を検討したい。その主要なものを"切り貼り"方式で印刷・配布すると、一種の"紙上討論"として意見交流させることもできる。

(5) インターネット教材の利用

　新しい遺跡の発掘調査や新史料の解読などによって、歴史はたえず書き換えられるものである。しかし、それがただちに教科書の記述に反映されることはなく、記述の変更までに数年の歳月がかかる場合も少なくない。そこで、全国各地の歴史研究者や歴史研究機関が開設するインターネットのホームページを開くことによって、鮮度の高い先端的な研究情報に接し、それを授業に導入することができる。この点の詳細に関しては、資料篇の「インターネットの利用」を参照されたい。

　また、各地の博物館・資料館などが発信するローカルな研究情報やヴィジュアルな提示内容は、生徒たちの知的な関心を呼び起こすだけでなく、地

方史の視点から全国史をとらえ直す体験学習としても有意義である。

　インターネット教材を簡便に利用する方法としては、例えばYAHOO! JAPANの「歴史」の項目をクリックすることによって、日本史の時代別・地域別・分野別の表題のリストを見ることができる。その中から自分の日本史授業に役立ちそうな表題をクリックして内容を一覧し、特に学習指導上利用価値の高いと思われる解説文や写真などを、日本史授業専用のファイルにダウン・ロードして集積する。それを必要に応じてプリント・アウトして自作の「ワークシート」に切り貼りし、生徒たちに配布することによって、鮮度の高い研究情報を提供し、歴史的思考力を養う教材として利用することができる。特にカラーを使ったヴィジュアルな情報内容の場合は、液晶プロジェクターの設置された教室にノート・パソコンを持ちこんで大きなスクリーンに提示して、臨場感あふれる歴史像をつかみとらせることができる。

　しかし、インターネットの情報には、学問的精査を経ない不確かな情報も多いので、そのまま信用すると間違ったことを教えてしまう危険がある。基本的には歴史研究者や研究機関の提供する情報によるべきで、その他による情報については学術書で実証的な裏付けをとった上で、必要最小限度の利用にとどめることも肝要である。

### (6) 実物教材と新聞・テレビ

　生徒たちの授業への集中度を高める有力な方策として、モノ（実物教材）を授業に取り入れることがあげられる。例えば、縄文・弥生時代の人々の火おこしの道具の実物を提示し、それを使って火おこしの実演をすれば、生徒たちはモノに即して自分の頭をはたらかせるようになる。また、最近の生徒たちは、工業化の遅れた地域を"貧しい、汚い、暗い世界"として蔑視する傾向が強いけれども、そうした地域の人形や食器などの民芸品の実物に授業で接することにより、開発途上地域の隠れた魅力を発見して、親近感を抱くようになる。異文化圏に対する生徒たちの抜きがたい偏見や古いイメージを払拭するためにも、各地の博物館・物産展や海外旅行などに出かけて、魅力のある実物教材を収集したいものである。

他方、生徒たちを教科書の世界だけに閉じこもらせないためには、新聞のホット・ニュースの重要記事を"切り貼り"方式で印刷・配布したり、テレビの歴史番組を録画し、投げ込み教材として活用したりすることも、有効な手法と言えよう。

(7) 読書指導とフィールド・ワーク

歴史学習においては、単なる物知り的な知識や図式的な理解ではなく、人間記録への共感や追体験的な理解が大切である。したがって、読書指導は歴史の追体験的な理解を促す上で、重要な役割を担っている。例えば、森鴎外・司馬遼太郎らの歴史小説やツヴァイクの評伝などは、歴史の一断面を鮮やかに活写しており、生徒たちは一読すれば、歴史への関心をかきたてられるに違いない。他方、昭和の十五年戦争に従軍した戦没学徒や戦没農民の手記を夏休みの課題読書として読ませて、感想文集をつくり多種多彩な感想に接したりすることも、意義深い歴史学習と言えよう。

また、学校近在の史跡や博物館の実地見学を授業に取り入れたり、修学旅行の歴史巡見を「総合学習」として企画・運営したりすることも、歴史学習の幅をひろげ、自主的な"探究学習"の気運づくりとして評価できる。

**参考文献**

日本史教育研究会編『入門　日本史教育』(山川出版社　1989年)
安井俊夫『歴史の授業　108時間』上・下（地歴社　1990年）
千葉県歴教協日本史部会編『絵画史料を読む日本史の授業』(国土社　1993年)
渡辺賢二『実物・絵図で学ぶ日本近現代史』(地歴社　1993年)
千葉県歴教協世界史部会編『世界史のなかの物』(地歴社　1999年)
鳥山孟郎『考える力を伸ばす世界史の授業』(青木書店　2003年)

〔別所興一〕

## 3 ……………………評価について考える

### (1) 評価するということ

**問いから出発して**

　学びの基本が「自ら問い」「自ら学ぶ」ところにあるとすれば、「評価する」ことの成り立ちの基本もそこにある。

　興味を持って何かを身につけたり、調べたりしようとするとき、人はいつも目指すものに照らして自分の進み具合を思う。学びにはいつでも「自己評価」がある。同好の人に出会えば意見を交換して自分を見直すきっかけになり、その道の先達に会えば批判も素直に受け、進む先が照らされて勇気づけられる。こうして出会いが「評価される」機会を作り出す。視野が広がれば方向も見え、方法もつかめてきて、自分の状況を直視できるようになる。自らの在りかを見定められることで、自立して追究できるのである。

**評価する者の立場で**

　人を見定めて何かをいうには、それについて自分も見定めていなければならない。学ぶということが、それぞれ個性を持つ一人一人がその知性や身体をあげて知の体系と切り結んでいくダイナミックな過程であるならば、その学びの可能性や問題点を見抜き、長所を励まし欠点を正すには、誠意を込めて自分のことばで表現するのが自然であり、豊かに伝えられる。

　相手が「自ら問い」「自ら学ぶ」者として育ってほしいと願うとき、人を見定めるのには限りがあることに気づく。見きわめきれない深さを相手に見出すならば、評価はやめて自立を励ますときである。

**学校＝学ばせる場の中で**

　通常の学校教育での「評価する―評価される」という関係は「自ら問い」「自ら学ぶ」者に応える形ではない。常識は次のように考える。

　教科・科目にはその目標があり、目標に沿って学習内容が展開され、学習で到達すべき水準が定められる。目標と内容は教科書や教師を通して具体化

されて学習者に与えられる。評価とはその目標と内容に照らして、学習の状況を見定めることである。

　ここでの学校は目標や内容が予め決まっているものを生徒に「学ばせる」場である。目標と内容が評価の大枠を決めるから、それが授業での裁量の余地を大きく許すか、細部まで規制するかによって、評価に許される幅も違ってくる。目標や内容を定める主体には、教師、学校、研究者と教師との協力組織、研究者、自治体、国家などが考えられるが、基準の適用が広域であるほど、内容の細部にわたるほど、学習の創意や多様性は活かせなくなる。細部まで統一されれば、教師は評価者ではなく評価の代行者となる。「学ばせる場」としての学校は、「自ら問い」「自ら学ぶ」本来の学びでの個性に応じた評価とは制度的に矛盾する。日々の授業の中では、学びを評価することの原点は忘れがちになる。「自ら問い」「自ら学ぶ」ことをどれだけ組み込むことができるか、学校のあり方を問い返しながら、よりよい評価の可能な余地を探り、工夫に努める必要がある。

　**学ばせる立場からの評価**

　学校では、教師と生徒は「学ばせる―学ばせられる（学ぶ）」の関係により、「評価する―評価される」立場に立つ。学ばせる立場からは、評価の機能は場面に応じて三つに分けられる。

　A 学習前の診断的評価
　　授業と個々の指導の参考にする資料で、その学習の評価ではない。
　B 学習の過程での形成的評価
　　学習をよりよく発展させるために、学習状況から学習者の長所を見抜いて可能性を、学習の欠点を指摘して改善すべき点をそれぞれ自覚させる。
　C 成果の把握としての総括的評価
　　学習を終えて学習の成果を総括する。

　単元・学期など、年度途中での学習の区切りにその範囲を総括する評価には次の学習に役立てる形成的評価としての意義がある。これに対して履修後の総括的評価（特に生徒指導要録に記入する5段階の「評定」）には将来への形成的役割は期待されても、その授業での学習には貢献しない。進学・就

職などへの利用は学習以外の二次的な機能である。評価の主目的を学習を発展させることにおくならば、学習の過程での形成的機能がその核心となる。二次的な用途からみた評価は当の授業での学習以外の観点を判断に組み入れる。それは政策的な選択に関わることで、教科の評価論とは異質である。

## (2) 尺度で表すこと

### 記号や数字で表す

今日の学校では、百点満点のテストとか5段階の評定とかというように、評価を数量的な尺度で表すのが通例となっている。学習の多様な状況を一つか少数の記号や数字で表すというのは、多様な学習状況から評価対象が共有する比較の基準を選び、測る尺度を構成し、測る対象をその尺度の上に位置づけることである。その尺度で測れないものは捨てられる。何を採り何を捨てるかは一つの選択である。選択しているという意識が薄れると、客観的であるかのように錯覚しやすい。記号や数字には学びの助けとなる内容は乏しく、ことばの抜け殻なのだが、学習の多様な状況を一目でつかめるように単純化し、時間を通じた変化や他の学習者との相対的な関係を見比べられるようにする役割を果たす。

### 「広がり」と「深さ」

尺度の構成には二つの方向がある。

地歴科ではしばしば試験範囲を万遍なく出題する。そこでは出題範囲という「広がり」(面積を連想すればよい)が尺度の基準となる。各問の配点は出題範囲の「広がり」の一部分に当たり、得点は正答した範囲の「広がり」に当たる。このような尺度は外延的な「広がり」によって構成されている。

これに対して、学習内容が基本から高度なものへと組織づけられている場合には、「難易」や「深さ」で内包的な尺度(階段を連想すればよい)を構成することができる。学習甲ができなければ学習乙はできず、逆が成り立たないとき、乙を甲より上に置く尺度であり、尺度はどの行為までできるかを評点に対応させる。

歴史教育では現在の教材が外延的に構成されているためか、難易や深さに

よる尺度の工夫は乏しかった。「難易」も基本知識か、詳細な知識かという「広がり」の中で扱われてきた。いわゆる絶対評価（目標に準拠した評価、到達度評価）は内包型尺度の考えに基づくのに対し、「広がり」型は相対評価でないと意味づけしにくい。地歴科では「広がり」型の必要は消えないだろうが、歴史の認識にもステップがあることに目を向ければ、新たに教材や評価の「難易」や「深さ」に基づく構成が求められる。

(3) 評価の制度と政策

制度の枠組み

日本では学校教育法とその施行規則に基づき、文部科学（文部）省が小中高の校種ごとに『学習指導要領』を公示し、教科・科目の目標や内容を定めている。評価はその目標と内容に沿う建前である。文部科学（文部）省は以前より公式記録（生徒指導要録）での評価の形式を統一して通達で指示してきたが、近年は学習のあり方と関連させて詳細な評価を求める傾向にある。

教育課程審議会は2001年に中央教育審議会の提言に沿って、「児童生徒の学習と教育課程の実施状況の評価の在り方」を答申した。これを受けて文部科学省は各段階の校種ごとに「生徒指導要録に記載する事項等」という通達を出し、生徒についての公式記録である「生徒指導要録」の「各教科・科目等の学習の記録」に記入する「評定」の「規準」を示した。

評価観の二つの流れ

教育課程審議会の答申は多岐かつ詳細にわたるが、表題が示すように、学習者の学習の成果は学ばせる側から見れば教育課程をどれだけ実施できたかの成果だという考えがある。答申は評価に児童・生徒のため、教師・学校（学ばせる側）のため、保護者・地域の人々・国民（成果を判断する側）のためという三重の役割を担わせている。これには同じ教育課程で一律に学ばせることが前提となる。答申は一方で「児童生徒一人一人のよい点や可能性、進歩の状況等を評価するために個人内評価を工夫することが大切」とも記し、児童生徒の可能性と自己実現に触れている。ここには異質な二つの評価観が流れている。学力については、「知識の量のみでとらえるのではなく」「自ら

学び自ら考える力などの「生きる力」がはぐくまれているかどうかによってとらえる」必要を説き、広くとらえることで質の向上を期待している。

　通達行政の方向

　文部科学省通達（高校）では生徒の自己実現や個人内評価の方向は消え、「個々の教師の主観に流れて客観性や信頼性を欠くことのないよう学校として留意」し、学校で「評価規準を設定する」方向を打ち出しており、評定にあたり、答申で示されている「関心・意欲・態度」「思考・判断」「技能・表現」「知識・理解」の四つの観点による評価を十分踏まえるように求めている。観点別評価は小中学校の生徒指導要録には1991年以来導入されていたが、高校ではこの通達に基づいて導入を進めることになった。

　地歴科の観点別評価

　地歴科の四つの観点とその趣旨を見ると、「関心・意欲・態度」には「歴史的・地理的事象に対する関心と課題意識を高め、意欲的に追求するとともに、国際社会に主体的に生きる国家・社会の一員としての責任を果たそうとする。」とある。この表現は学習指導要領を受けているが、生徒の行動の姿勢を評価の対象としていて、思想・良心の自由を侵す恐れがある。「思考・判断」では課題を見いだす、多面的多角的に考察する、公正に判断する、との３点が、「資料活用の技能・表現」では資料を収集し、有用な情報を選択・活用することを通して追求方法を身に付けること、過程や結果を適切に表現することが、「知識・理解」では基本的な事柄を理解し、その知識を身に付けることが、それぞれ趣旨として記されている。総合の方法の記述はない。

　評価政策の問題点

　文部科学省は国立教育政策研究所で「評価規準，評価方法等の研究開発」を行い、全教科・科目にわたって学習指導要領の内容のまとまりごとに四つの観点による詳細な評価規準を作成し、指導と評価の計画の具体例と併せて2004年に範例として公表した。文部科学省は全国の高校に同様の規準とそれに基づいたシラバスや評価方法を作ることを求めている。

　実は「高等学校学習指導要領」には目標にも、内容にも、評価の四つの観点の記載はない。現行の教育法制では、学習指導要領が各教科・科目の大綱

的基準を定めるとされるが、上記の施策では、逆に、生徒指導要録の記入の規準から教科科目の指導の内容や方法を規定していくことになる。法的枠組みの外側から行政が授業を規制する仕組みといえよう。仮に観点が妥当だとしても、「内容のまとまりごとに」評価するのは現実的ではない。内容ごとに指導には重点があって、年間を通じてバランスをとるものである。シラバスや評価方法の固定は日々の実践の工夫を妨げる可能性が大きいし、実施に伴う労力の負担も大きい。

　これらの観点は一般的な前提から各科目に適用されているので、「研究開発」による範例でも、観点の趣旨を学習指導要領の内容の記述と組み合わせた作文が多く、内容の学習に即してレベルを測れる尺度はできていない。

(4) 評価論の構築

評価領域の分類と教科

　教育目標を分類する発想はB・S・ブルームが認知の領域を知識・理解・応用・分析・総合・評価に分類し、諸教科の目標に応用したことに始まる。その方法は態度や価値観の形成などの情意的領域にも広げられたが、それを教科の総括的評価に組み込むことには賛否が分かれるだろう。

　各教科はそれぞれ特定の学問体系を背景に、独自の内容と方法を持つのだから、認知の領域を分けることがその教科でどういう意味を持つかは、その教科の目的・内容・構成や教科の背景となる学問と突き合わせて考えて見なければわからない。評価の項目は教科の目標と不可分で教科論の核心に関わることである。未成熟な評価論に対置する展望を構築できるのは日常の教室からの研究と論議しかない。

教室から生み出す

　法規の束縛は強くても、それに納得がいかないとき、教師の心はいつも前を向こうとするものである。学びの原点を意識すると日々に迷う。実はこの迷いが評価の基準や尺度を自分なりに考えようとする契機になる。評価の在り方を生み出していく場は日々の授業である。一人一人の歴史の学びがどのように進むのか、意識していたい。それは学習の心理というよりは、歴史の

内容自体に内在している順序立った構造に目を向けることである。しっかり見れば、学びの「広がり」だけでなく、「深さ」のステップも見えてくる。

　評価の方法を蓄積していけるのは身近な場面である。形成的評価は多様な学習活動のどんな場面にも意識されるものである。次の場面で、生徒の学習活動の何に注目し、どんな助言が活きるかを想像してみてほしい。

　　授業時の活動（聞き取り　読解　応答　質問　発案　作業　発表報告）
　　宿題・レポート・論文（作業・演習　調査　研究）
　　校外での学習活動（見学・参観　調査　研究　外部活動への参加）
　　日常のテスト・中間での試験（選択　短答記述　小文記述　論文）

　例として、読解や質問を取り上げ、その内容を次のように分けてみる。

　　一般語彙、歴史名辞、出来事、制度、時代の概念、全体の流れ

　説明しようとすれば、並べた順番が後になるほど複雑な説明が必要になることに気づくだろう。この順番は歴史についての理解や質問の「深さ」を反映している。別の例として、史料を読む場合を考えよう。次にあげる作業は史料の読解のステップであり、学びの「深さ」の序列でもある。

　　語彙と文意の理解、時間の位置づけ、書き手の意図の推測、立場とバイ
　　アスの理解、他の史料との関係の把握、史料を使って記述すること

　また、たとえば歴史で大切な時間の中の位置づけを考えてみよう。次のことができるかどうかは、時間に関わる認識のステップといえるだろう。

　　出来事と年代を確認する、同時代の出来事を対比して関連の可能性を判
　　断する、前後の出来事に関係があるかどうかを判断する、長期間にわた
　　る出来事の系列を流れとして関係づける、長期間にわたる複数の流れ（た
　　とえば経済史と政治史）を関係づける。

　さまざまな場面でこうした検討はまだこれからである。

　学びで目指すものと、そこに至るステップが教師にも見え、生徒にも見えて、いまの所在がわかることが「評価する」ということである。それは日々の発見であり、生徒が自分で自らを見定められるための準備なのである。

〔村瀬克己〕

# ［3］　授業づくりの方法と授業実践例

## 1……授業づくりの方法と学習指導案の作成

### 授業づくりの手順

　授業づくりの手順を、最初に項目的に提示する。ここでは教科書を用いてあるテーマを授業展開することを想定する。テーマにより、また授業者の学習・研究歴により、異なることは当然だが、おおよそ次のような手順が求められている。
　①そのテーマでどのような授業にしたいか、最初のイメージを思い描く。
　②それをもとにして、教科書の記述を分析する（教科書研究）。
　③記述を項目的に検討しながら、特に具体化したり、より深めるべきものを選び、いわゆる「教材研究」をすすめる。
　④教材研究で得られた材料をもとに、最初のイメージを修正したり、より具体化されたものにする。
　⑤以上のことをもとにして、授業の流れ（導入、展開１、展開２……）をつくりだす。この中で、授業で使用すべき史料を決める。
　⑥導入や展開ごとに、使用する史料や教科書記述に生徒がどう取り組むのか、その授業方法（解説、発問、指示）を考える。

　以上の⑤⑥は、教師が自分の授業ノートに書いていくのが普通だが、授業案の形式（後掲）を使って記入する場合（授業研究のときなど）もある。

## 最初の授業イメージ

まず授業テーマとして「ワシントン体制」を取り上げる。使用する教科書を、石井進他『詳説日本史　改訂版』(山川出版社　2005年) とする。

最初の授業イメージを描こうとする場合も、普通は教科書の当該箇所を見る。この教科書の場合、「パリ講和会議」→「ワシントン会議と協調外交」→「社会運動の勃興と普選運動」と続く。が、協調外交のところまでが1時間扱いとなるだろう。ここをどのような授業にしたいかと言われれば、歴史の授業なのだから、

> 教科書記述に沿って、重要事項と思われるところは詳しく説明したり、史料を使ったりしながら、この時期の歴史事実の流れとその歴史的位置づけ・歴史的意義を理解させていく。

となるのではないのか。

しかし、そのような授業を現実の教室でのものとしてイメージしてみるとどうなるか。教師としては「歴史の授業なのだからこうすべきだ」と思うのだが、この授業で「生徒は何をする」のだろうか。重要事項は説明を「聞く」こと、大切な歴史的位置づけや歴史的意義もやはり「聞く」ことになりそうだ。生徒は熱心に「聞く」のだろうか。それが期待できないことは教師なら誰でも知っている。また、「聞く」ことができたから、生徒がその内容を自らのものとしたと言えるのかどうか。

とすると、教師は生徒が何らかの形で授業に自分から関わりをもってくることを想定したイメージを浮かべるだろう。関わりをもつとは、最も一般的なのは「考える」ということだろう。生徒が考えるには、教師は「問い」を設定しなくてはならない。

では、この授業テーマで教師が「問い」を発し、生徒が「考える」にふさわしい問題があるだろうか。講和会議、国際連盟、五・四運動、三・一運動、ワシントン会議、協調外交などが教科書記述の主要な項目だが、それぞれの

項目を扱う場面で生徒の考えを引き出すべき「問い」を設定することはできるだろう。しかし、それでは項目をばらばらに扱うこととなる。授業の全体の流れが心配になる。1時間の授業全体を貫くような問題が設定できないか。

そこで、最後に出てくる協調外交に注目する。これは英米との協調であると同時に中国に対してもそう（不干渉）であるとするものだ。そのような外交が展開されたのに、なぜその後、日本は戦争への道をたどったのか。教師なら誰でも持っている知識をもとにすれば、当然の疑問が沸く。

そこで教科書をさらに進めて対外関係を見ると、山東出兵、張作霖爆殺事件、そして満州事変に至る経過がわかる。つまり、それ以後は中国侵略とそれに伴う英米との対立が危惧される事態となり、協調外交はわずか5年前後で破綻の危機に直面している。

とすると、協調外交というものは、これ以前の日清・日露戦争 → 韓国併合 → 21カ条要求という対外膨張の流れを修正する路線を試みたが、それを果たせなかったと見るべきなのか。いや、周囲からの圧力でそうせざるを得なかったため、その圧力を突破（または無視）して、結局はもとの路線のさらなる展開へ突き進むことになったのか。つまり、協調外交というものをどう把握するのかを生徒に考えさせれば、これ以前の歴史の流れをとらえ直すことにもなり、授業に対する生徒の関わりを生むことは十分に可能なのではないか。

では、そのような授業イメージを描くことが現実的と言えるのか、教科書の記述を分析し、教材研究を進める必要が出てくる。

## 教科書研究

〈記述の要点1〉教科書記述は「講和会議」から始まる。ベルサイユ体制の成立が説かれ、「国際連盟」による国際平和維持が可能になる。しかし、この会議での日本の山東半島領有の承認を中国は拒否。「五・四運動」つまり"一大国民的運動"が起こる。さらにこれより先、朝鮮でも、「民族自決」の国際世論を背景に「三・一運動」が全国的な規模で広がる。

〈分析１〉以上の記述から見ると、これまで進めてきた日本の対外膨張、つまり帝国主義の路線は、この時点でこれ以上の展開は困難になってきたことがわかる。その困難性をもたらしているのは、

- A 最も大きなものが国際連盟の成立で、ここでは「紛争を平和的に解決」することとされ、日本がこれまでとってきた軍事的解決は明らかに制約される。
- B さらに膨張の対象であった中国・朝鮮からは、講和会議で出てきた「民族自決」を実現すべく、国民的・全国的な運動が展開され、膨張を強行しようとすれば、これを弾圧しなくてはならなくなる。

という二つのものであり、これらが大きな壁として立ちはだかってきたことがわかる。これによって、日本はこれまでの路線を修正すべきなのか、A・Bを克服して膨張路線のさらなる展開に進むべきなのか。大きな課題が出現したことになる。

〈記述の要点２〉「ワシントン会議」では、英米仏日の「四カ国条約」、さらには中国なども含めた「九カ国条約」が締結され、これにより「中国の領土と主権の尊重」が約束された。また「海軍軍縮条約」で、英米５：日本３という主力艦保有比率が定められた。これらの取り決めを進める「アメリカの目的」は、「東アジアにおける日本の膨張を抑制する」ことであったとされている。

　だが、この"抑制"は山東半島領有にも及び、これを中国に返還する条約が結ばれた。これらの協定による東アジアの国際秩序が「ワシントン体制」であり、日本国内政治はこの体制の中で「軍備縮小」を実現させ、対外関係は「協調外交」が進展する。

〈分析２〉これらの記述をみれば、日本の膨張路線は上記A・B以外にも、さらにもう一つの深刻な壁に直面したことが分かる。それはこのワシントン

会議により、日本の膨張、特に中国でのそれに関しては、C　英米から制約を受けることになったことである。教科書の記述でアメリカが「日本の膨張を抑制する」と述べていることは、その意味で重視しなくてはならない。

　というのは、ここで日本はこれまでの膨張策を支えてきた「日英同盟」を廃棄することとなり、さらには一旦軍事的に占拠した山東半島を中国に返還しなくてはならなくなり、"抑制"が早くも現実的になってきたと見えるからである。

〈記述の要点３〉これらのことを受けて、高橋内閣、山本内閣、加藤（高明）内閣は、いずれも外交方針を「協調外交」とし、1924年の幣原外相による「幣原外交」がこれを定着させた。と同時に、海軍軍縮に続いて陸軍の軍備縮小も、師団の削減と兵器の近代化という形で実現させた。

〈分析３〉国内では軍備縮小、対外的には協調外交という政治路線は、日清・日露戦争以来の帝国主義的膨張政策を、ここで少なくとも一旦は"停止"ないしは"修正"することになるだろう。

　しかしこれを、アメリカの「日本の膨張を抑制する」（記述の要点２）という方針との関連で見る場合、"停止""修正"は〈今後の日本のために必要な措置〉というべきか・〈いずれどこかで見直すべき〉（アメリカの抑制策の克服）とするか、異なる見方を立てることが可能である。特に山東半島返還は、これまでのアジアへの勢力拡大に黄信号が灯ったものと見れば、"停止""修正"を素直に認められるのかどうか、生徒に考えさせるべき問題が設定できるだろう。

### 教材研究

　教材研究は二種類のものがある。この授業テーマの場合で言えば、一つは講和会議からワシントン体制の成立までの歴史過程を総体的に研究するもので、歴史研究と言ってもいい。

　もう一つは、"教材"研究というべきもので、以上の教科書分析をもとにして、このテーマでの歴史事実（教科書記述として項目的に挙げられている

もの）を授業での"教材"として扱うために、それをさらに具体化しようとするものだ。しかし大事なことは、「描いている授業イメージから見て必要なもの」を取り挙げるのであって、項目すべてを研究するものではない。以下は、このような意味での研究によるものである。

〈教材研究の視点〉まず授業イメージから見れば、膨張政策の"停止"または協調外交への"修正"を問題にして、それをどう受けとめるかを生徒に考えさせようとするのであれば、教科書分析で浮かび上がらせた上記のA・B・Cの"壁"は重要な教材である。この"壁"に対しては、

①これまでの膨張政策を、この時点で停止・修正すべきことが求められていることを示すもの。
②逆にそれは、これまでの政策を継続・発展していくためには、乗り越え・克服すべきもの。

という相互に対立する判断が下されるべき重要な材料となる。
　そのように授業イメージをもとにして教科書記述の各項目を見ていくと、それは単に順序的に描かれた項目とされているのではなく、生徒が授業で考えをめぐらせるべき重要な材料として機能するものとなる。"理解・記憶すべき重要事項"ではなく、"考え・判断するための重要事項"である。
　以下、教材研究については、得られた授業の材料（歴史事実とそれの相互連関）と文献名を中心に記していく。

〈国際連盟の成立〉国際連盟規約は、その前文で「連盟国は戦争に訴えざるの義務を受諾し」と明言し、さらに

　　第10条「連盟国は、各国の領土保全及現在の政治的独立を尊重し、且外部の侵略に対して之を擁護することを約す」
　　第11条「戦争または戦争の脅威は、連盟国の何れかに直接の影響あることを問わず、

総て連盟全体の利害関係事項たることを茲に声明す」
（大沼保昭編『国際条約集』有斐閣　2004年）

などと規定し、「連盟国」（その常任理事国）となった日本が、これまでのように武力による膨張政策を取ることが大きく制約されることは確実だろう。
　確かに、それを保証する国際的措置の不十分さは否定すべくもない。しかし、世界史上初めて、国際法上は戦争が違法とされたため、武力行使を意図することは、この新たな体制つまり国際社会への挑戦となってしまう。

〈三・一運動〉「独立宣言」が発表され、運動は4月までの約1カ月間朝鮮全土に拡大し、参加人員204万人。集会1548カ所。中学生が校庭で独立宣言式を挙行したり、商店の全戸閉店など、多様な人々が参加している。
　日本官憲に逮捕された女学生が「お前が朝鮮の独立を要求するのは、別に特別の理由があるのか、どうか」と問われて、

　　「わたしには、3つの理由があります。1つは朝鮮の幸福を図るためであります。2つは日本の幸福を図るためであります。3つは世界平和を図るためであります」
（朴殷植『朝鮮独立運動の血史1』平凡社）

と答えたという。だが、なぜ「日本の幸福」なのか、生徒の意見をぜひ聞きたいところだ。


〈五・四運動〉
　　パリ講和会議で日本の山東半島（青島）領有が一旦は認められるや、「21か条を取り消せ」「青島を返せ」とする学生の運動が北京から起こり、これが他の都市にも広がるとともに、運動は集会・デモ・日貨排斥・工場のストライキなど多様化した
（江口圭一『二つの世界大戦　体系日本の歴史14』集英社）

　この運動のビラには、

　　「中国の存亡はこの一挙にある。いまわれわれは全国同胞とともに2つの信条を立て

たいと思う。
1．中国の土地は、征服されることはあっても割譲することはできない。
2．中国の人民は、殺戮(さつりく)されることはあっても低頭させることはできない。国は亡びた。同胞よ起て！」

(丸山松幸『五四運動』紀伊国屋書店)

と記されている。これまでのように中国への膨張政策をとるのであれば、彼らを"低頭"させるような強行策が必要になる。

〈ワシントン会議〉「九カ国条約」の内容「中国の主権、独立ならびに領土的行政的保全の尊重」は、香港・台湾・関東州を領土としている日・英がこれをうたうのは、「欺瞞もいいところ」(江口前掲書)である。しかし、前述のアメリカの目的「日本の膨張を抑制」という点から見れば、「大戦中に日本がおこなったような独走・独占を認めないというところに、九か国条約の最大の眼目があった」(江口前掲書)ことになる。であれば、日本はこれを抵抗なく受け入れたのだろうか。

「アメリカからとどいたワシントン会議の提案は、日本国民にとって、まさに青天の霹靂(へきれき)であり、『国難来れり』という危機感が国中に蔓延したのである。その衝撃のほどは、東京朝日が掲げた『極東問題──総勘定の日、大難局下の日本』という大見出しにも示される。(中略)戦後ひろく行きわたっていた考え方は、国際環境の大変動──ロシア革命、ドイツの敗北、ヨーロッパ諸国の疲弊──によって、いまや世界は『英米の支配する国際秩序』否、『まさに米国万能主義に支配』される時代（伊東巳代治）となり、日本は孤立化してしまうという懸念であった」

(細谷千博『ワシントン体制と日米関係』東京大学出版会)

一方、宇垣一成は日記にこう記した。

「暴慢無礼、米国大統領は自ら極東問題を進んで紛糾せしめ依つて以て問題の中心たらんと企図しあるものの如し」
「須(すべか)らく吾人は堂々と彼の横紙破りを鳴らして其欺瞞を暴露し、彼の欲望を挫折せしめざるべからず」

(『宇垣一成日記 1』みずず書房。細谷前掲書を参照。)

〈協調外交〉幣原外交とも言われるが、その幣原喜重郎外相はどのような外

交を推進しようとしたのか。衆議院での外交演説の記録を見る。

「吾々ハ何等他国ヲ犠牲トシテ、非理ナル慾望ヲ満タサントスルモノデハアリマセヌ、又所謂侵略主義トカ、領土拡張政策ト云フガ如キ、事実不可能ナル迷想ニ依ッテ動カサルヽモノデハアリマセヌ、之ト同時ニ日本ノ正当ナル権利利益ハ之ヲ擁護増進スルコトハ、政府トシテ当然ノ責務デアルト考ヘテ居リマス（拍手起ル）」
（歴史科学協議会編『史料日本近現代史Ⅱ』三省堂 所収）

最後の「拍手起ル」が、日本の「正当ナル権利利益」に対してであることには目をそらせることはできないが、ここに至るまでのアジアへの膨張政策が、「侵略主義」「領土拡張政策」の否定という形で停止または修正されることも確認できる。

### 授業イメージの確定（授業目標の設定）

　以上の作業を経て、この授業のイメージを確定する。一般的には、授業の目標または"ねらい"の設定と言われるが、「授業イメージ」と言っているのは、これまで述べてきたように1時間で扱う歴史事実やその意味・位置づけなどをも、総合して考えるべきものだからである。
　まず、以上の一連の研究で「協調外交」をそれまでの日本の膨張政策の停止、または修正ととらえる。これがこの授業の構想の基本となる。それは特別の見方によるものではなく、教科書記述をもとにして、1．国際連盟　2．五・四運動　3．三・一運動　4．ワシントン会議　という項目を具体的に考えて（教科書研究・教材研究で調べて）みれば、この1〜4という新たな情勢は、21カ条要求のような中国への勢力拡大を強行することが、ほとんど不可能であることを示している。であれば、授業の全体像は次のようになる。

①1〜4が日本に問いかけているものは何か。これまでの対アジア膨張政策との関連でこれら歴史事実を検討する。
②1〜4との関連で登場した「協調外交」とはどのようなものかを調べ、それが膨張政策の停止・修正であることを確認。
③この"停止""修正"は日本の外交方針として、A．定着させるべきものだっ

たのか、B．見直すべきものだったのか。1～4の事実、「日本の膨張を抑制する」とのアメリカの目的、「彼の横紙破りを鳴らし」（宇垣一成）など国内の反応、という三つの要因をもとに考えさせる。

　これを、授業の目標（ねらい）の設定という形で描けば、「講和会議からワシントン会議に至る歴史事実を、日本のこれまでの膨張政策との関連で検討させ、協調外交という新たな路線の是非を問う」となる。

### 授業の流れをつくる

　以上の授業イメージをもとにすれば、授業の流れは次のようになる。さらに展開ごとにそこで用いる授業方法を考えることになるのだが、ここでは両者をひとまとめに記述する。

〈展開1〉パリ講和会議と国際連盟。連盟規約を検討させ、平和的解決を追求する時代へ転換していくことに注目させる。資料として「国際連盟規約」の抜粋を準備する。

　・パリ講和会議は教師による事実の確認に止める。
　・「国際連盟規約」を検討させて、これまでの膨張政策はこれによって制約されるかどうかを問う。

〈展開2〉中国・朝鮮の民族運動。ともに日本はアジアから何を要求されているのかを確認して、これまでのような中国・朝鮮への膨張政策がこれからも可能なのかどうか検討する。史料として「五・四運動のビラ」および「三・一運動での朝鮮女学生の訴え」を準備する。

　・講和会議でウィルソンが提唱したことを教科書で確認させる。
　・山東半島をめぐって、日本と中国がそれぞれどのような動きをしているか、教科書を調べさせる。

- 五・四運動で中国国民が求めていることは何か。史料を読んで、彼らが日本に対して「最も言いたいこと」とは何かを問う。
- 三・一運動で朝鮮の人々が求めていることは何かを問う。史料で女学生が「日本の幸福を図るため」と述べているが、朝鮮の独立がなぜ「日本の幸福」になるのか、その意味を問う。
- 五・四運動と三・一運動を見ると、中国・朝鮮に対して日本はこれまでと同じような政策で臨んでいくべきか、変更すべきか、考えさせる。

〈展開3〉ワシントン会議。ワシントン会議で国際的に取り決められたことに対して、日本はどういう態度で臨むべきか。日本国内の反応、宇垣一成日記を史料とする。

- ワシントン会議で取り決められたことを教科書で調べさせ、箇条書きでノートに記入させる。
- その中で日本にとって最も重要だと思うことを挙げさせる。
- この会議でアメリカは、なぜそのような取り決めをしようとしたのか。アメリカの目的を教科書で調べさせる。
- この会議を経て日本は、これまでの対中国・朝鮮政策を改めるべきだったか、これまでの政策を継続すべきだったか、考えさせる。

〈展開4〉協調外交。この段階での現実の日本は、これまでの対外政策を修正して、協調外交の路線をとった。これをどう見るべきか。展開1～3を踏まえて、今後の日本の進むべき道を検討する。幣原外交演説を資料として準備する。

- ワシントン会議を経て、日本がどのような外交路線をとったかを教科書で調べさせる。
- 幣原外交演説を読ませて、その要点をノートに記入させる。
- このような協調外交は、これまでの日本の膨張政策を停止・修正するものと見られる。この新たな協調外交の路線は、確実に定着させるべきも

のだったのか、いずれ見直しが必要なものだったのか。展開1〜3での検討材料をもとにして、意見を述べさせる。

〈導入の設定〉授業づくりの最初の段階で、既に導入にふさわしい材料が準備されている場合もある。が、ここでは以上のような手順を経て、授業展開が具体化されたところで、最後に「何を導入にもってくるか」を考える、との手順で設定する場合である。何を導入として設定するか、その条件は、

①生徒にとって興味をひかれるものであること。
②その興味ある事実や問いが、本時のテーマに結びつくこと。

という2点である。そこでここまでの教科書研究や教材研究の経過の中で、導入にふさわしい材料を探せば、三・一運動における朝鮮女学生の訴えがその候補になる。彼女は朝鮮の独立が「日本の幸福」になると言っている。であれば、「本当にそうなのか。そうであれば、日本は朝鮮を独立させるなど、これまでのアジアへの膨張政策を改めるべきなのか。今日はそこを考えたい」とすれば、本時のテーマつまり描いている授業イメージへと生徒を導いていける。しかも、朝鮮女学生の言葉には意外性があり、「なぜそんなことを言うのか」との関心を生み出すこともできるだろう。

なお実際の授業では、「（　）の幸福を図るため」として、（　）に入れるべき言葉を答えさせることから始めるのがいいだろう。

また、朝鮮女学生のことは後に扱うからというのであれば、導入では「21カ条要求のような、これまで日本がやってきた膨張政策はこれからも続けられるのだろうか」などの"問い"を導入にすることもできる。

## 地歴科日本史Ｂ学習指導案

1．本時のテーマ「ワシントン体制と協調外交のゆくえ」
2．本時の目標

| パリ講和会議からワシントン会議に至る歴史事実を、日本のこれまでの膨張政策との関連で検討させ、協調外交という新たな路線の是非を問う。 |
|---|

3．指導過程

| 指導内容 | 学習活動 | 指導上の留意点 | 時間 |
|---|---|---|---|
| 〈導入〉<br>朝鮮独立は日本の幸福か | ・独立運動に参加した朝鮮女学生が「独立は朝鮮の幸福のため、（　）の幸福のため」と述べた。括弧の中に入る言葉は何か。<br>・「日本の幸福」になるというのなら、日本はこれまでの膨張政策を改めなくてはならない。本当にそう言えるのか、考えたい。 | ・展開2で扱う史料はまだ使わない。<br>・本時の問題を設定する。 | 5 |
| 〈展開1〉<br>講和会議と国際連盟 | ・パリ講和会議について教科書記述を確認する。<br>・大戦の惨禍を反省して国際連盟が成立。史料1．連盟規約を見て「日本はこれまでのような膨張政策をとることができるか」を問う。 | ・日本は常任理事国であることを確認。<br>・日清・日露戦争は「戦争に訴え」という紛争解決だった | 10 |
| 〈展開2〉<br>アジアの民族運動 | ・民族自決を教科書で確認する。<br>・山東半島をめぐる動きを教科書で確認する。<br>・史料2．五・四運動のビラを見て、「日本に言いたいこと」を問う。<br>・三・一運動の規模を数字で示す。<br>・史料3．女学生の訴えで、「日本の幸福」と述べていることをどう見るか。本当にそうかを問う。<br>・これらを見て、日本はこれまでのような中国・朝鮮への政策を改めるべきかを問う。 | ・インドの独立運動などへの影響に触れる。<br>・生徒の考えを問うもの。答ではない。<br><br><br>・同じ問いを続けることを予告しておく。 | 13 |
| 〈展開3〉<br>ワシントン会議 | ・会議の決定をノートに記入する。<br>・アメリカの目的を教科書で確認<br>・史料4．日本国内の反応などをもとにして再度中国・朝鮮への政策を改めるべきかを問う。 | ・ノート記入の際、日本にとって最重要と思うものをチェックさせる。 | 10 |
| 〈展開4〉<br>協調外交 | ・ワシントン会議後の外交方針を教科書で確認する。<br>・幣原演説の要点を記入させる。<br>・この外交方針は、今後も定着すべきものか、いずれは見直しが必要になるものかを問う。 | ・これは膨張政策の停止、修正となることに注目する | 12 |

〔安井俊夫〕

## 2……3時間の授業実践例 ──「満州事変と国際連盟脱退」

### (1) テーマ設定の趣旨

①1972年の日中共同声明において日本国政府は、「日本側は、過去において日本国が戦争を通じて中国国民に重大な損害を与えたことについての責任を痛感し、深く反省する」と表明した。その視点から中国・朝鮮などアジア近隣諸国に対する植民地支配という近代日本の"負の体験"を教材化することが大切である。

　ここでは満州事変から国際連盟脱退にいたる歴史過程を、いくつかの相異なる立場に基づく資料により検討させ、昭和前期に日本と中国の戦争が引き起こされ、拡大した事情、それを防止できなかった要因などを多角的に考察させる。

②授業展開においては、単なる知識の詰め込みや独断的な結論の押しつけにならないように留意する。生徒に公正で客観性の高いと認められる資料を精選して提供し、歴史事象を具体的な資料に基づいて実証的に考察するように指導する。

③資料学習に主体的な関心と意欲を持たせる動機づけとして、このテーマ学習の冒頭部でビデオ教材を活用する。その教材の利点を生かして昭和前期の時代の動きを、具体的かつ臨場感のあるイメージでつかませる。

④生徒の集団思考と発見的学習の場を設定するために、生徒による資料の解読・発表と小グループによる討論を授業に導入する。

⑤他国の立場を考慮しないで自国の利益のみを追求する対外政策は、一時的に経済的な繁栄をもたらすことがあっても、他民族を不幸に陥れて、その反発を招くだけでなく、最終的には自国をも不利・不幸に陥れるものである。そのことをこのテーマ学習を通じて、実感的に理解させたい。

## (2) 「小グループによる討論」を授業に導入するねらい

① 1930年代の日本の進路（政治路線）の選択に関係する重要資料で生徒の興味を引きそうな『資料プリント集』を編集して配布し、生徒各自に実証的多角的に考察させる。その上で教室の机を並べ替え10人前後の小グループに分けて、1930年代の日本の進路の選択について討論させる。歴史の岐路を単なる決定論や必然論で割り切らせないで、他に選ぶ道はなかったかという視点から主体的に考えさせる。討論や意見交換を通じてこのテーマについての共通理解が生まれ、その共通理解の水準を少しでも引き上げていくことができれば、成功である。

② 小グループによる討論を通じて生徒の主体形成を促し、その価値判断を身についたものとするためには、理想論を論じるのではなく、生徒の思考を理想と現実との葛藤の中に投げ入れ、生徒の本音を引き出すことが必要である。「理想としては……だが、現実には……でなくてもやむを得ない」という思考方法は、歴史の理解を上滑りの建前論や道徳論の次元にとどめることになる。歴史過程における理想と現実の矛盾を追求し、乗り越えていく視点を見出して討論を生産的にするためには、教師側からの助言や問題提起が必要な場合もある。本音を引き出し、論点を明確にしてやることが、教師側の第一条件である。

③ 小グループによる討論のテーマを、軍国主義に向かう昭和前期の時代の流れや課題と結びつけることによって、昭和の戦争の要因や構造をより深く理解することができる。また、昭和から平成にいたる同時代史の動向に対して、生徒のより積極的な関心を引き出すこともできる。

## (3) 「満州事変と国際連盟脱退」の学習指導計画

### 1) 年間学習指導計画での位置づけ

日本史Bの内容(6)「両世界大戦期の日本と世界」の「ウ　第二次世界大戦と日本」の項目に位置づけ、教科書に準拠した通史的な学習の一環として、

3時間の学習を設定する。

### 2）学習指導の展開例
【第1時】
a 学習テーマの理解を深めるために自作の『資料プリント集』を授業前に配布し、問題意識を持って授業に臨む気運づくりをはかる。生徒による資料の解読・発表、小グループによる討論などは、原則としてこの『資料プリント集』と教科書に基づいておこなうことを予告する。

b 昭和史の記録映画フィルムを編集したNHKビデオ「十字架上の日本──国際連盟との訣別」(30分)を視聴させる。

c その視聴のメモと感想を事前配布の所定用紙に書かせ、提出させる。そのメモと感想を書く際の着眼点として、次の4点を注記する。
 ＊満州事変を引き起こし、日満議定書に調印した日本側の意図は、どのようなものだったか。
 ＊満州に住む3000万の中国人や中華民国政府は、満州における日本軍の行為や満州国の設立をどのように受けとめていたか。
 ＊リットン調査団の調査に対して、日本側はどのように対応したか。
 ＊あなたは日本の国際連盟脱退をどのように考えるか。

d 『資料プリント集』所収の年表や図表を参照させて、第一次世界大戦以後の国際連盟成立、ワシントン海軍軍縮条約、ロンドン海軍条約など一連の軍備縮小・国際協調路線の世界史の動向と、中国における五四運動以後の民族自決をめざす抗日運動の展開の骨格をつかませる。また、満鉄副総裁松岡洋右の「満蒙は日本の生命線」というキャッチフレーズに集中的に表現されるように、世界恐慌下の日本の財界や軍部に満州蒙古の特殊権益の擁護・拡張をめざす気運が高まってきたこと、その結果、三次にわたる山東出兵、張作霖爆殺事件、浜口雄幸首相狙撃、犬養毅首相暗殺など、軍部や国家主義者による一連の武力行使やテロ事件が発生したこと、さらに関東軍の歴史としくみの概要などを解説して、次の時間の生徒発表につなげる。

【第2時】

a 『資料プリント集』所収の石原莞爾「満蒙問題私見」（資料A）は、事前に指名した一人の生徒に、資料末尾の［着眼と考察］を参考にして要点を発表させる（約10分）。満州事変の中心的な企画者である関東軍参謀の考え方の特徴と問題点をとらえるように助言し、聞き手の生徒たちが興味を持つように工夫させる。その際、特に昭和恐慌の打開策と国家主義思想との結びつきに着目させる。

b 『資料プリント集』所収の手記「満州事変はこうして計画された」は、柳条湖事件という謀略の実際の仕掛け人の証言として、また、「**国際連盟理事会における顔恵慶中華民国代表の演説**」（資料B）は、シビリアン・コントロール能力を喪失した日本政府に対する中国政府の批判として教師サイドで紹介する。その際に中国における民族運動の高揚や日本における幣原外交の敗退との関連も説明する。

c 石橋湛山「満蒙問題解決の根本方針如何」（資料C）は、aと同じく一人の生徒にその概要を発表させる（約10分）。この評論は、柳条湖事件直後の昭和6年9月26日・10月10日に石橋が『東洋経済新報』の社説欄に書いたものである。ここでは主に満蒙生命線論に対する石橋の根本的な批判、急進自由主義のエコノミストの立場からの満蒙放棄論の特徴と問題点をとらえさせる。あわせて同時代の他のマスコミがどのような論調だったかについても調べ、説明させる。

d 満州国の実態に関しては、映画『ラスト・エンペラー』のモデルとしても知られる満州国執政・皇帝の証言である**愛新覚羅溥儀『わが半生』**（資料D）を、aと同じく一人の生徒に割り当て、その概要と感想を発表させる（約10分）。

e 教師サイドから森島守人『陰謀・暗殺・軍刀』の要点を紹介し、元奉天総領事の立場からの証言の特徴をとらえさせる。また、関連して「満州国の官制図・経済統計図」にも触れ、その問題点を指摘する。その上でこうした日本の満州政策に対して、同地に住む中国の人々がどのように受けとめていたかを考えさせる。

f 発表者の資質には個人差が大きく、時間のロスが大幅に生ずる場合もあるので、これを補うために授業の3日前までに発表プリントの事前チェックをおこない、テーマから極端に逸脱しないように留意する。

g 生徒発表の後に質問の時間を設ける。所定時間内に答えられない質問については、発表者が調査の上、次の時間に答えることとする。また、いずれとも決しかねる問題については、全員の今後の検討課題とし、安易な結論を求めないようにする。

【第3時】

a 第1時に提出させたメモ・感想の中から、生徒の興味をひき、その問題意識を触発するもの数編を選び、そのコピーを切り貼りして印刷し、授業の冒頭で配布する。また、全員のメモ・感想の用紙を返却して討論の参考資料とさせる。授業では積極的に発言しない生徒の意見も、メモ・感想のリプリントという方法により、討論に"参加"させることができる。

b 『資料プリント集』の「日満議定書」「リットン報告書」「国際連盟脱退通告文」とジョセフ・グルー『滞日十年』(いずれも抜粋)のさわりの部分を紹介する。ここでは主に日本政府による満州国の承認、国際連盟による在満日本軍の早期撤退勧告、これに対する日本の反論と国際的孤立政策への転身、駐日アメリカ大使の立場からの日本に対する論評などの特徴と問題点を指摘する。その際、統帥権干犯問題、五・一五事件、斎藤実挙国一致内閣の成立など日本国内の政変を、英米の対日政策の転換など国際環境の変化に関連づけて解説する (10分)。

c これまでの昭和史学習をふまえた上で、1930年代の日本の進路の選択について、10人前後の小グループに分けて30分ほど討論させる。その際、史実や資料を無視した発言に陥らないように注意するとともに、次の諸点に留意して討論を深めるよう指導助言する。

＊世界恐慌の深刻化や中国民族運動の高揚に直面して、軍部はどのような政権構想を持っていたか。

＊軍備縮小や協調外交を唱えていた政党政治家は、どのような内政や対中国政策を展開していたか。また、民間ジャーナリストの提言をどう受け

とめていたか。
* 関東軍をはじめとする日本軍の行動は、中国国民にどのような苦痛や損害を与えたか。
* 日本の一般国民は、どうして軍部の暴走を防止できなかったか。どうして軍部の行動を支持・支援するようになったか。

d　上記の討論を通じて、1930年代の日本の歴史過程に対する理解を深めるとともに、今後の日本のとるべき進路についても考えさせる。その際、"討論学習"を通じて歴史事象にはかならず複数の見方があることに気づかせ、自分の価値判断の一面性や可変性を自覚させる（お互いに学び合いながら自分を問い直す）よう指導助言する。

e　各グループの司会者には、発言が特定人物に偏らないように注意させる。また、主な論点や疑問点をメモさせ、業後に所定の用紙に記入して提出させる。次時冒頭の"前時復習"や次年度の"討論学習"の資料として役立てるためである。

f　"討論学習"の代わりに、上記の四つの設問について各自じっくり考えさせ、所定の用紙に各自の感想・意見を記述させて（制限時間は20〜30分）提出させ、教師サイドでその要約や切り貼りのプリントをつくって"紙上討論"させてもよい。その方が論点の理解が深まる場合もあるからである。

g　最後のまとめとして、ワシントン体制からの離脱、二・二六事件など、戦時体制に向かう政局・外交との関連を解説する。満州事変は衰退した政党政治と協調外交に対する軍部のクーデターの序幕であり、それに続く国際連盟脱退は、ドイツ・イタリアにヴェルサイユ体制打破の動機を与え、第二次世界大戦を誘発したこと、政治に対する軍部支配の道を開いた要因は「統帥権の独立」を規定した明治憲法体制にあることなどを再確認させる（10分）。

h　次の時間の冒頭に前時の論点や疑問点の目ぼしいものを列挙したプリントを配布して補足説明し、以後の学習課題に結びつける。

〔追記〕 学習の授業記録を、当番生徒を指名して、主な論点や質疑応答・記録者の感想・残された学習課題などの欄を設けた所定用紙に記入させる。それを学年末に製本（該当生徒の承認が必要）して、学校図書館などに保存すれば、次年度の"生徒発表"や"討論学習"の参考資料となる。

【資料A】石原莞爾「満蒙問題私見」（『太平洋戦争への道 別巻・資料編』朝日新聞社 1988年）
　一　満蒙の価値　政治的……国防上の拠点。朝鮮統治、支那指導の根拠。
　　　　　　　　経済的……刻下の急を救うに足る。
　二　満蒙問題の解決　解決の唯一方策はこれをわが領土となすにあり。これがためには
　　　　　　　　　　その正義なること及びこれを実行するの力あるを条件とす。
　三　解決の時期　国内の改造を先とするよりも満蒙問題の解決を先とするを有利とす。
　四　解決の動機　国家的……正々堂々　　軍部主導……謀略により機会の作製
　　　　　　　　関東軍主動……好機に乗ず　（以下省略）
　五　陸軍当面の急務　国家が満蒙問題の真価を正当に判断し、その解決が正義にしてわ
　　　　　　　　　が国の義務なるを信じ、かつ戦争計画確定するにおいては、
　　　　　　　　　その動機を問うところにあらず。期日定め、かの日韓併合の要領
　　　　　　　　　により満蒙併合を中外に宣言するをもって足れりとす。
　　〔着眼と考察〕
　　　1　関東軍参謀の石原莞爾は、満蒙問題をどう解決しようとしたか。
　　　2　その結果、関東軍はどのような軍事行動に及んだか。
　　　3　日本の政府や一般国民は、それにどう対応したか。

【資料B】「国際連盟理事会における顔恵慶中華民国代表の演説」（外務省編『日本外交年表竝主要文書』下巻、原書房　1965年）
　「支那は専制君主国であったが、突然共和国に変わったという事実も忘れてはならぬ。その調整の過程において若干の不安と混乱のあるのは当然であるが、支那を以て崩壊と無政府の状態にありとなすは明らかなる誹謗である。日本代表はよく組織されたる国家のことを云はれたが、政府の統制を破りつつある陸海軍を有する日本のような国が組織ある国家であるかどうかを疑ふのである。（中略）支那居留民は震災の際日本で皆殺しにされ、また昨年は朝鮮で百名以上の無辜の支那商人が殺された。これでもよく組織された政府であるか。」「もし支那に無秩序と内乱がありとすれば、非難の多くは日本が負ふべきである。何となれば日本は年々何れかの側を援助してきたからである。過去二十年の支那の歴史を知るものは、日本が何れかの政党に対し軍資金及び武器乃至は兵隊の形において援助を与へたことを明らかに証拠立てることができる。これ即ち日本が支那の強力となり統一されることを欲しないからである。」
　　〔着眼と考察〕
　　　1　中華民国の政府は、日本の対中国政策をどのように見ていたか。
　　　2　中国での民族運動の高まりと、日本政府・関東軍の行動との関連はどうか。

【資料C】石橋湛山「満蒙問題解決の根本方針如何」（『東洋経済新報』昭和6年9月26

日・10月10日号　松尾尊兊編『石橋湛山評論集』岩波文庫　1984年）
　「如何に善政が布かれても、日本国民は、日本国民以外の者の支配を受くるを快とせざるが如く、支那国民にも赤同様の感情の存することを許さねばならん。然るに我国の満蒙問題を論ずる者は、往々にして右の感情の存在を支那人に向って否定せんとする。明治維新以来世界の何れの国にも勝って愛国心を鼓吹して来れる我国民の、之は余りにも自己反省を欠ける態度ではないか。」
　「今日中華民国の建設に奔走しつつある青年支那人は、例えば明治維新当時新日本の建設に奔走せる日本人が、徳川幕末の頽廃せる政治の中に酔生夢死する日本人とは異った日本人であったが如く、また清朝時代の支那人とは異るのである。」
　「或論者は、満蒙なければ我国防あやうしと説く。満蒙を国防の所謂第一線にせねばならぬと云うのである。が之は恰も英国が、其国防を全くするには、対岸の欧大陸に領土を有せねばならぬと説くに等しい。記者は左様の事を信じ得ない。我亜細亜大陸に対する国防線は、日本海にて十分だ。」「満蒙は云うまでもなく、無償では我国の欲する如くにはならぬ。少なくも感情的に支那全国民を敵に廻し、引いて世界列国を敵に廻し、尚お我国は此取引に利益があろうか。其は記者断じて逆なるを考える。」
　〔着眼と考察〕
　　1　石橋湛山は、中国での民族運動の高まりをどのようにとらえていたか。
　　2　「満蒙生命線論」をどのように批判していたか。また、彼の提言が社会的に孤立したのは、どのような事情によるか。

【資料D】愛新覚羅溥儀『わが半生──「満州国」皇帝の自伝』（筑摩書房　1977年）
　「私が"公務"について問いかけると、彼らは"次長が処理しております"と答えるか、さもなければ、"このことは次長にも聞いてみなければなりません"と答えるかのどちらかだった。次長は日本人で、彼らは私を訪ねてこなかった。（中略）"国務院"の真の"総理"は鄭孝胥ではなく、総務庁長官駒井徳三だった。……駒井は元"満鉄"に勤めていた男で、聞くところによれば、東北に来てまもなく"満州大豆論"という文章によって、東京の軍部と財閥の目にとまり、"中国通"とみなされたのだということだった。彼は軍部と財閥によって植民地の大番頭に選ばれ、実際上の総理となったのである。彼の目から見た最高の上司はもちろん関東軍司令官であり、私という名目上の執政ではなかった。」
　〔着眼と考察〕
　　1　満州国執政（のち皇帝）・溥儀の権限は、同国日本人官吏や関東軍司令官との関係で、どのようなものだったか。
　　2　溥儀は1945年8月以降、どのような政治的変遷をたどったか。


主な参考文献

江口圭一『昭和の歴史4　十五年戦争の開幕』（小学館　1988年）
粟屋憲太郎編『ドキュメント昭和史2』（平凡社　1983年）
日本史教育研究会編『入門　日本史教育』（山川出版社　1989年）
安井俊夫『十五年戦争への道──自ら考える日本近代史』（日本書籍　1998年）

〔別所興一〕

## [4] 授業の内容構成を考える
### ——具体的事例を通して——

## 1…東南アジアの歴史をどう教えるか ——インドネシアを中心に

### 生徒の東南アジアのイメージ

　かつて、インドネシアについてのアンケートを大学生に実施したことがある。その結果はどうであろうか。例えば、気候や人口、スマトラ、ジャワ島など地理的な問いについては、過半数あるいは八割が正解をする。しかし、伝統的・歴史的な諸宗教をはじめ、かつての文明や民族運動の歴史については、ほとんど正解できないといってよい。日本軍の占領期や戦後の歩みについても同じである。かつての独立運動の指導者の一人、初代大統領スカルノの名についても、ほとんどが知らない世代になったことがわかる。
　今日、日本とインドネシアの政治的経済的なつながりは、年々深くなっている。インドネシアへ進出している日本企業も多く、また最大の経済援助国でもあり、さらにバリ島などへの日本人観光客も多い。にもかかわらず、以上にみたようにインドネシアについての学生の歴史認識は貧しい。今、自分たちが食べるエビや日々使っている石油・天然ガスなどエネルギー資源が来ている国であるくらいは知っていて欲しいのだが。実際には何も知らないに近い、と言ってもよいかもしれない。それは恐らく、インドネシアにかぎらず、東南アジア諸国全体についても言えるであろう。
　その要因は学生にあるわけではない。かれらが受けてきた小学校からの社会科教育の反映であろう。インドネシアの地理や歴史について、具体的に学んでこなかった結果である。

さらにタイをのぞけば、ほとんどの東南アジア諸国は欧米の植民地となった。そしてやっと戦後になって独立した国々である。その植民地支配下の経済的収奪と政治的抑圧のために、今日なお農業の生産構造や「開発独裁」などの経済的政治的な諸問題や歪みも多い。そのため、上記にみた植民地支配や日本軍占領期の実態が欠落し、その豊かな歴史的文化的な伝統を無視した視点でみると、今日の東南アジアの国々や人々を、遅れた後進的な地域とみる傾向が生まれる。不当ないわれない偏見や蔑視の目でとらえることになる。

　東南アジアの文化や歴史を学ぶ意義の一つは、そのような皮相な誤った見方を克服することにある、といっても良いだろう。

## 独自の文明世界というが

　かつて日本の世界史教科書における東南アジアの歴史についての記述は、中国やインドはもとより、欧米地域に比べても少なかった。ジャワのボロブドゥール仏教遺跡やカンボジアのアンコール・ワット遺跡などによって、東南アジアの"古代"文明が代表されていた。ところが最近の例えば「詳説」とある山川出版社の教科書をみてみると、パガン朝と並んでモン人のドバーラバティ王国なども登場する。マラッカ王国やジャワのマジャパイト王国については、実に3か所にわたって記述がある。

　また民族運動についても、オランダ植民地支配下のサレカットイスラムの運動について、写真入りで数行にわたって紹介されている。この教科書は、全部で17カ所の東南アジアに関する記述があり、他の教科書よりも東南アジアの記述は多い方である。多くは一言で片付けられている、という後述する問題点はあるが、もしこれらの記述をすべて利用して、内容豊かな授業が組み立てられるなら、ある程度の基本的な歴史理解は可能だろう。そのためには、記述は多くはなったが、逆にそのために拡大したともいえる以下に述べる問題点を克服することが必要だろう。

　例えば、先の山川出版社の教科書は、第二章　アジア・アメリカの古代文明の「まえがき」の中で次のように述べる。「東南アジアの諸地域はあたた

かくおだやかな海を通じて、はやくからインドと中国と交流し、その影響をうけながら独自の文明を形成してきた。」

　当然、教科書の記述のなかで、そのような"独自"といわれる中味が明示されなければならない。たとえば仏教というが、ボロブドゥールがどこにその独自性があるのか、記述されていなければならない。しかし、同じく華厳経をもとに構想された奈良の大仏とはまったく構造がちがい、寺院のように僧が修行する部屋がなく、四千以上の壁画がほられた回廊と最上部のスツーパと仏像の組み合わせなど、インドや中国にはない、その独自性と高い芸術性が分かるような記述にはなっていない。写真があり、そのキャプションのなかに"世界的"という冠詞と壁画の存在が示されることから、わずかにそれが知らされるだけである。なお解明されていない遺跡としての謎があることは別にしても、いつ頃どのような歴史的背景のもとで創造されたのか、についての具体的な記述がないと、その"独自"性の理解も難しい。

## 中国とインドの狭間で

　そのような理解を可能にするためには、まず一定量の記述がないと難しい。しかし、この教科書では第二章の古代文明でインドと中国に多くをさいている。インドは「風土と人びと」から始まり、7世紀バルダナ朝、南インドのチョーラ朝まで9頁を費やし、中国は10頁にわたって記述されているが、東南アジアはわずか3頁である。ちなみに南北アメリカは2頁である。

　単に記述が少ないという問題だけではない。次にタイのスコータイやアユタヤ王朝、ジャワのマジャパイト王朝など、重要な東南アジアの王朝が登場するのは、「モンゴル民族の発展」との関わりである。しかし、それは「元の東アジア支配」の項目のなかに含まれ、それもわずか数行である。

　次に登場するのは、「インド・東南アジア・アフリカのイスラム化」である。マラッカ王国やマタラム王国が登場する。それは、イスラム商人が「東南アジアから中国へと交易圏を拡大した」という流れの中でおさえられる。ジャワ商人も香料諸島の香辛料を供給するなど、東西の中継地貿易を担ったという、東南アジアの人々の"主体的な独自性"がわかるような記述には

なっていない。記述量も"アフリカのイスラム化"の半分ほどである。そして、そのような役割の記述が登場するのは、後の「明朝の朝貢世界」「朝貢世界の動揺」という項目のなかである。

　結局のところ、記述の仕方や内容は、インドやイスラム、中国の帝国としての活動の一部として記述されている。これでは東南アジアの諸王国自体を主体とした歴史理解は難しい。すべての王国でなくとも、形成・発展・衰退さらに歴史的特徴、という独自の歴史的な流れがつかめる記述が欲しい。

## 生き生きとした人間の姿を

　どこの国にも、その歴史的評価はときに変わるが、小学生でも知っている民族的な"英雄"がいる。あるいはその国の教科書や切手にいつも登場するような歴史上の人物がいる。そして、彼らは日本の世界史の教科書の中にも登場する。ところが、東南アジアの歴史上の人物はどうであろうか。日本の教科書に王朝名はあっても、その王朝の創始者はほとんどない。例えばマジャパイト帝国の繁栄の基礎をきづいたガジャマダ宰相やアヤム・ウルク王、ビルマとの「戦象戦」で王を守って戦死したスリヨータイ王妃など、その国の誰もがその歴史上の役割から知っているような人物が、日本の教科書には記述されていない。もちろん、詳しすぎるという文部科学省の検定が、そのような記述を難しくしている。しかし、信長や秀吉について知ることは、日本の封建社会の歴史理解にとって、わかり易く重要であり、時には外国の教科書にも載っている。インドネシアの高校歴史教科書には、「聖徳太子」「源頼朝」「義経」「秀吉」「家康」「慶喜」「明治天皇」「伊藤博文」の名も出てくる。

　一方、日本の教科書では、具体的な人物の記述は、反植民地民族運動の時代になっても、東南アジアに関してはやはり少ない。

　例えば、19世紀から20世紀初め、インドネシアの民族運動の啓蒙期、福沢諭吉のような役割を担い、切手はもとよりその生涯が映画にもなった女性ラデン・アジャン・カルティニの名は、どの日本の教科書に載っているだろうか。ましてや、オランダの支配に抗して、夫の遺志をついでゲリラ戦を挑

んだ英雄的女性チュナ・ディンなどは、まったくないだろう。彼女について も、もちろんインドネシアでは映画がつくられ、日本でも公開された。先の 山川出版社の教科書は、「オランダ語や専門教育がほどこされたが、教育を うけた子弟のあいだに、しだいに民族的自覚が生まれた」と記述しているだ けである。人物名はない。東南アジアの歴史上の人たちが生きて登場しない のである。

## 日本とのかかわりの視点は

　東南アジアの歴史について、なぜ日本の世界史教科書の位置づけは軽いの だろうか。日本との関わりがないからだろうか。しかし、まったく関わりな いといってもよい古い時代の地中海世界については詳しく記述されている。

　古い時代は別にしても、日本人が東南アジア地域に進出する時代になって も、その記述は決して充分とはいえない。「日本人は東南アジアの各地に進 出して日本町をつくった」と一言で片付けられている。どこで、どのように 活動したのか、はない。いや注記で、それもカッコ付きであった。1623年、 オランダ東インド会社が、香辛料産地モルッカ諸島からイギリスの勢力を追 い出したアンボイナ事件に関してである。ただ「イギリス商館員（雇用日本 人を含む）多数をオランダ人が殺害した事件」としか書かれていない。しか し、事件の発端はイギリスに雇われていた日本人が、オランダの立ち入り禁 止区域で捕まったことから始まる。そして、オランダの拷問を含む審問のな かで、オランダ要塞（商館）襲撃の計画が明らかになったということで、イ ギリス人10名、日本人9名、ポルトガル人1名が斬罪となった。

　ところがオランダの拷問の行使などが、イギリス世論の憤激を招き、のち のち英蘭戦争の火種にもなる。死刑になった日本人は、皆平戸など九州の出 身で、二人はまだ24歳の若者であった。一方、オランダに雇われた日本人 も、80名余いた。傭兵としてオランダ東インド会社の侵略を助ける者もい たのである。また当時、インドネシア諸島には日本人町はなかったが、兵士 以外にも水夫、職人、商業を営む人々が、各地に渡ってきていた。先の記述 では、このような広く東南アジアを舞台とした日本人も含む歴史的状況を推

察することは難しい。

## 日本の戦争と東南アジア占領支配

　教科書における東南アジアの記述は、欧米の植民地化以降の民族独立運動、そして大戦については、比較的多くなってくる。また日本との関わりも出てくる。その意味では、教え学びやすい。しかし、なお気をつけるべきことがあるように思われる。

　例えば、第二次世界大戦における日本軍占領の歴史的評価に関する問題である。インドネシアでは、日本軍が連合軍の進攻にそなえて、インドネシア人に軍事訓練を行い、また青年たちを「防衛義勇軍」に組織した。そして、大戦後のオランダの再侵略に際して、これらの軍事訓練や組織が結果的に防衛・独立の戦闘に貢献した。また日本兵の一部に、さまざまな理由からインドネシアにとどまり、この独立戦争に参加した者も出た。このことを取り上げて、あたかも、日本軍の支配がインドネシアの独立をもたらしたかの如く評価する意見がある。ひどいときは、日本軍の占領目的がインドネシアの解放にあったかのような暴論も出る。このような歴史的真実から離れた見方に惑わされない歴史的認識を育てたい。

　今では日本の教科書も、東南アジアにおける日本軍の占領・支配についてはふれている。そして、「日本の占領目的は資源収奪とそれに必要な治安確保であり、軍政のもとで、日本語教育や神社参拝の強制など、現地の歴史や文化を無視した政策が行なわれた。」と記述されている。しかし、先のような誤った見方を克服するには、このような一般的な記述では難しいだろう。東南アジアとひとくくりではなく、どれか代表的な地域、あるいは典型的な事例を選んで具体的な歴史事実をつかませたい。

## 日本の戦争責任と戦後責任

　日本の世界史教科書も、第二次世界大戦後の記述は、その重要性に比して少ない。受験対策の影響もあるだろう。そのため、独立への闘争とその後の国家形成も、一言ですまされている。次のようなひどい記述もある。「オラ

ンダ領東インドでは、1945年8月、スカルノを指導者にしてインドネシア共和国の成立が宣言された。オランダは武力で介入したが失敗し、49年インドネシアは独立を達成し、スカルノが初代大統領になった。」 日本軍占領期なのに「オランダ領東インド」という言葉は論外であるが、オランダの"武力介入"に対して、インドネシアの民衆が竹槍など貧弱な武器でゲリラ戦を挑んで徹底抗戦したことを主体として記述して欲しいものである。少なくとも大戦後の世界については、戦前とは違い、東南アジアでも民衆の力が歴史を動かすようになっている、という視点をもちたい。

もう一つ落としたくない視点は、日本の戦後責任に関わることである。日本は東南アジアにおける戦争被害について、戦後独立した各国に戦時賠償を行なった。しかし、その賠償は必ずしも相手国の、特に多くの被害を受けた民衆に届いているとはいえない。むしろ賠償が戦後の日本資本が進出する足がかりになった、とも言われている。

また、東南アジアに関しては、ベトナム戦争や開発独裁についての記述がある。しかし、それらに日本という国がどのように関わり、加担したかについて、きちんと記述されている教科書はほとんどない。ましてベトナム特需、ベトナム反戦運動や米軍のベトナムにおける戦争犯罪を裁いた東京法廷についての記述はない。重大な欠落である。

以上、教科書や学習指導要領にたよっていては、きちんとした東南アジアに関する歴史認識を育てることは難しい。ぜひ、自主教材などをつくり挑戦して欲しい。

（この論稿のために主に参照した教科書は、佐藤次高他著『詳説世界史』山川出版社であるが、まだ東南アジアについて記述されている方だと思われる。）

〔木村宏一郎〕

## 2　十字軍の授業

### (1) 十字軍についての学習の現状と問題点

　十字軍について、以前は次のように教えられていた。
「東羅馬帝国、勢振るはず、土耳其人(トルコ)の侵略防ぎ難きを見、羅馬(ローマ)法皇に、その助力を乞へり。時に西欧羅巴(ヨーロッパ)人のイェルサレムの耶蘇墳墓に参詣する者、大に土耳其人に迫害せられしかば、法皇ウルバン2世貴族、僧侶をクレルモンに会し、聖地回復の師を起こすべきことを宣したり（1095）。この時武士道甚(また)だ盛にして、法皇の権亦甚だ強かりしかば、之を聞きて、皆感激し、争うて聖軍に加はり、赤十字の布片を著けて従軍の章とせり。十字軍の名ここに起る。翌年（1096）仏蘭西(フランス)の侯伯武士を主力とせる第一回十字軍成り、コンスタンチノープルを経て、小亜細亜(アジア)に入り、処々に苦戦の末、遂にイェルサレムを占領して（1099）、イェルサレム王国を建てしが、……」（村川堅固『文部省検定済　七訂　中等西洋歴史』東京宝文館、1925年）

　このようなとらえ方は、第二次世界大戦後の新教育制度の下でも、しばらくは踏襲されていた。1970年代になっても上記の文章を現代的な言葉に置き換えただけの教科書もあった。しかし、現在では、次の点においては改善されてきている。

　①十字軍の原因がイェルサレムでのキリスト教徒に対する迫害にあったとする記述が消えたこと。
　②十字軍を動かした動機として、宗教的情熱だけでなく、東西教会の統一をめざす教皇の意図や、領地や分捕り品をねらう諸侯・騎士、商権の拡大をはかる商人、負債の帳消しや身分上の自由を求める農民などの世俗的利害が記述されるようになったこと。
　③イェルサレムを占領した十字軍の異教徒虐殺に対比して、サラディンなどに代表されるイスラム教徒側の異教徒に対する寛容な支配が記述されるようになったこと。

しかし、これで十分とは言えない。教科書によっても記述内容の違いが大きいけれども、十字軍はもっぱら西ヨーロッパ史のなかで記述されており、十字軍の戦いの舞台であったビザンツやアラブの世界で何が起きていたかについて触れていない。そのため、十字軍の支配した地域すら不明確で、イェルサレムだけを支配したように誤解されやすい教科書が多い。また、少数ではあるが、十字軍を支えた中世キリスト教の異端、異教徒に対する不寛容について記述されていない教科書がある。

## (2) 十字軍を扱う意義

　第1回十字軍は1096年に西ヨーロッパ各地からコンスタンティノープルへ向けて出発した。その規模は、騎兵約4,500人、歩卒約3万人、その他に数万人の民衆が参加したと見られている。ここでは十字軍がその後のヨーロッパ世界や中東世界に与えた影響については触れない。第一回十字軍を中心に十字軍とは何であり、何をしたかに限って扱うことにする。それでは、十字軍を積極的に取りあげる意義はどのようなところにあり、何を目標にして教材を選択すればよいのだろうか。

　第一に、教科書では西ヨーロッパ、ビザンツ、アラブ世界について、それぞれが別の単元の中で扱われている場合が多い。そのために世界史としての全体像が見えにくくなっている。十字軍を扱うことによって同時代における三者の動きを関連づけて理解することができる。それによって、西ヨーロッパだけから見るのではなく、三者の立場から多角的、相対的に見ていくことができる。

　そのためには、十字軍を担った西ヨーロッパの諸勢力の参加の動機、ビザンツ帝国のイスラム勢力および十字軍との関わり、シリア地方における十字軍の行動とイスラム勢力の対応に触れる必要がある。

　第二に、教皇ウルバヌス2世による十字軍への参加の呼びかけから、イェルサレムの占領に至る事実の経過を具体的に見ていくことによって、教皇の演説が事実と食い違い、矛盾した内容を含んでいるために、それが具体化されていくときにどのような行動となって表れるのかが分かり、歴史のダイナ

ミックな動きを感じ取ることができる。

(3) 授業の目標

　第一に十字軍＝正義の戦いという先入観を打破する。教皇ウルバヌス2世の演説とその後の事実の経過を対比することによって、十字軍が巡礼を迫害から守ったのではなく、イェルサレムの住民を虐殺しシリア地方を領土にした侵略者であったことを理解させる。

　第二に、イスラム教と西ヨーロッパ中世のキリスト教との異教徒に対する態度の違いを比較することによって、「コーランか剣か」というイスラム教徒に対する見方は、異教徒に対するヨーロッパ人自らの態度を表していることに気づかせる

　第三に、ビザンツ帝国およびアラブ世界から見たとき、十字軍は宗教的な対立による戦いではなく、セルジューク人やモンゴル人の侵入とならぶ外部からの侵入者との世俗的な支配権をめぐる戦いであったことを理解させる。また、アラブ世界にはイスラム教徒ばかりではなく、キリスト教徒もユダヤ教徒も住んでおり、彼らにとっても十字軍は災厄であったことに気づかせる。

(4) 授業の内容

①十字軍の目的と参加の動機

　教皇ウルバヌス2世の演説に表れているように、教皇が十字軍の派遣を考えたのはビザンツ帝国からの援軍の要請に応じてビザンツ皇帝に対して有利な立場に立とうとしたことによるものであり、宗教的な情熱だけでなく諸侯の領地拡大の期待と民衆の自由と豊かな生活への願望に訴えて十字軍への参加を呼びかけている。

　また、当時の西ヨーロッパの人々は、イェルサレムは世界の東の果てにあり、文化の進んだ豊かな都市で、神の国に最も近い聖地だと考えていた。

②十字軍とビザンツ帝国との関係

　ビザンツ帝国の首都コンスタンチノープルに集結した十字軍諸侯はビザン

ツ皇帝に謁見して臣従を誓い、セルジューク人に奪われたアンティオキアの回復を命じられた。ビザンツ側は十字軍を「ラテン人」と呼び、彼らへの期待は宗教的な勢力挽回にあるのではなく、世俗的な領土回復にあった。

ビザンツ帝国は1071年にマンジケルトでセルジューク軍に大敗し、ニケーアを首都としてルーム・セルジューク朝が成立した。ビザンツ皇帝は十字軍の力を借りてこのセルジューク人から領土を奪い返そうとしたのである。ときの皇帝アレクシウス1世は内乱や異民族の侵入に対して、買収や交渉によって諸勢力を互いに戦わせることによって、それらの強大化を防ぎ帝国の支配を維持してきた老獪（ろうかい）な人物であった。

ビザンツ皇帝は表面上は十字軍諸侯を丁重に扱ったが、彼らによる領内での略奪を防ぐための対策を講じ、首都には一般兵士は入れずに、東方の戦場に出すことを急いだ。ビザンツにとって十字軍は同盟者ではなく、油断できない侵入者であり、セルジューク人の勢力を弱めるための手段に過ぎなかった。十字軍諸侯もアンティオキア周辺をセルジューク人から奪い取ると、その土地をビザンツ皇帝に引き渡そうとはせず、彼らの領地として分配して居座った。

③異教徒に対する姿勢の違い

十字軍にとっての聖地解放とは、イェルサレムを占領してキリスト教徒に対する迫害をなくすことにはとどまらなかった。イスラム教徒、ユダヤ教徒などの異教徒を敵視し、イェルサレムからすべての異教徒を排除することであった。そのため、キリスト教徒に対する迫害がないとわかってもイェルサレム占領は実行されたのである。このように、異教徒（さらにはキリスト教徒の異端も）を敵視し、改宗・追放・殺戮によって異教徒を絶滅させるべきだという考え方が、西ヨーロッパに住むユダヤ人の虐殺を招き、その後のアルビジョア十字軍、北方十字軍、レコンキスタ、異端審問に引き継がれていくことになる。

これに対して、イスラム教徒の世界では人頭税を納めれば異教徒にも信仰の自由と社会生活上の自治とが保障されていたのである。サラディンがイェ

ルサレムを奪回したときに略奪や虐殺を許さなかった態度も、この考え方に支えられている。

④中東の歴史の中での十字軍

　アラブ人は十字軍を「フランク人」と呼んで、宗教的な対立とは考えていなかった。セルジュークのシリア地方への侵攻に手を焼いていたエジプトのファーティマ朝は、十字軍がセルジュークの支配するニケーアを陥落させたときビザンツ皇帝に祝福の言葉を送り、十字軍の陣営に使者を送って同盟を提案しようとした。それはセルジューク人やモンゴル人の侵入と同じく外部からの新しい勢力の侵入の一つと受けとめていたからである。だから、シリア地方の諸侯も互いに領地を奪い合って抗争し、相手の信仰に関係なく戦ったり同盟を結んだりしていた。サラディンのイェルサレム奪還もシリア地方の統一の一環としてなされたのであって、キリスト教に敵対するためではなかった。1229年にアイユーブ朝は住民の信仰の自由を前提として神聖ローマ皇帝フリードリヒ２世によるイェルサレムの支配を認めている。

　また、シリア地方のアラブ人がすべてイスラム教徒だったのではなく、キリスト教徒もユダヤ教徒も以前から住みついており、イェルサレムにも多くのキリスト教徒が暮らしていた。しかし、彼らの多くはシリア教会、アルメニア教会などに属しローマ教会やギリシア正教会からは異端とされていた。そのため、十字軍諸侯の支配下ではこれらの異端派に属する人々は改宗の強要や迫害を受けて、それまでの平和な生活が脅かされることになった。十字軍はイェルサレムを占領するとただちに教会の聖職者たちを脅迫して、「キリストの十字架」（ユスティニアヌス帝の時代に見つけ出されたもので、本物である可能性はほとんどない）のありかを聞き出して、無理矢理奪い取っている。

(5) 資　料

①教皇ウルバヌス２世の演説（D・C・ムンロによる）

「東方で、わたしたちと同じようにキリストを信じる人々が苦しんでいる。

かれらはわたしたちに救いを求めている。何故であるか。それは異教徒が聖地を占領し、キリスト教徒を迫害しているからである。わたしは同胞の苦難をつぶさに知っている。かれらはみずからの苦しみのみならず、教会の苦しみを訴えている。かの地では聖所が瀆(けが)されているからである。何故エルサレムは至聖所であるのか。それは天国への門であり、地上における天国の写し絵だからである。当然、神はこの瀆聖(とくせい)を許さない。神はその解放をみずからの業として遂行なさる。この神のみ業に加わる者は神に嘉せられ、罪を赦され、つぐないを免ぜられる。キリスト教徒どうしの不正な戦いをやめて、神のための正義の戦いにつけ。このよびかけに応じた者には、現世と来世を問わずすばらしい報酬が約束されている。ためらうことはない。現世のどんなきずなもあなた方をつなぎとめることはできない。なんとなれば、この企ては神自身が指導者だからである。」(橋口倫介『十字軍──その非神話化』)

②ビザンツ側の十字軍観（皇女アンナの記録）
「ボヘモンドとその一族郎党のような邪悪な者どもは肚の底に、うまい機会をつかんで行きがけの駄賃に帝都そのものを奪いとろうという計画と野望をいだいているにきまっている。」(同上書)

参考文献

橋口倫介『十字軍──その非神話化』(岩波書店　1974年)

〔鳥山孟郎〕

## 3 ……… 授業の内容構成を考える ── フランス革命

### (1) フランス革命史学習の今日的意味は？

かつて普遍的理念として、ヨーロッパ近代史だけでなく非ヨーロッパ世界にあっても、近代化の指針とされたフランス革命が提起した「自由・平等・友愛」の理念は、今日においてもその「普遍的価値」を持ち続けているのだろうか？　冷戦体制の崩壊と各国におけるナショナルな価値観の再強化、アメリカを中心とするグローバリズムの動きと国家間の較差の問題などなど。その中にあって、フランス革命史学習の今日的意味はなんであろうか？

戦前における『万国史』『西洋史』教科書では、教科書記述全体の7％（平均約27ページ）が、フランス革命・ナポレオン期に当てられていた。中でも、ジャコバン独裁期の「恐嚇（きょうかく）政治」＝民衆運動への恐怖、ナポレオンの軍国主義を支えるナショナリズムの強調などが、その特色であった。

戦後になっても、戦前の軍国主義、封建制の遺制への反省もあって、フランス革命の提起する「自由」「権利の平等」「友愛」＝同朋愛としてのナショナリズムが重視され始めるとともに、日本社会の民主化の課題の中で、封建制廃棄における民衆運動の役割が重視され始めた。教科書叙述も戦前に比べると比率は下がったが（2.8％）、イギリス革命、アメリカ独立革命、ロシア革命などと比べても、2倍以上のページ数をさいて現在に至っている。

1989年に「フランス革命200周年」を迎え、21世紀初頭に位置づけられる現在の日本の世界史教育にとって、フランス革命を学ぶ意味はどこにあるのであろうか？　今までと同じとらえ方で、フランス革命を普遍的理想として語れるのだろうか？

### (2) 今日、フランス革命を教える意義と目標

〈目標の変遷〉明治時代の国民国家形成期から、東アジアの盟主と自認するに至る日露戦争後から昭和前期の日本にとって、フランス革命史の授業は、

大きな意味を持っていた。では、その目標は何であったのだろうか？　また、戦後そのような路線が破綻することによって、フランス革命史教育の目標は、どのように変化したのであろうか？

イ）「万国史」教科書の時代（1872〜1894）には、民衆運動を恐怖ととらえており、「9月虐殺」「国王処刑」「恐嚇政治」を導くものとして描いている一方、自由・平等についての叙述はほとんどないのが特徴である。また、ナポレオン叙述については、対外的戦功により国民の支持を得たことが、伝記さながらに紹介されているのが特徴である。

ロ）「西洋史」教科書の時代（1894〜1945）になると、「アジアの盟主」意識の下に朝鮮・中国への蔑視意識が強まり、民衆運動への警戒と恐れ、国民統合というナショナリズムの喚起の必要性が、教科書にも明白に反映された。しかし、1910年代に入ると、大正デモクラシーの影響下に人権宣言、自由主義的改革などの叙述が増え始めるが、軍国主義の台頭とともに、国粋主義的ナショナリズム、特に愛国心に関する記述が目立ってくる。

ハ）戦後になると、今までの皇国史観に基づく画一的な歴史教育を批判する中で、フランス革命史教育は、戦後改革の模範としての「典型的な市民革命」としての意味を持ち、封建制の廃棄および近代市民社会への移行、周辺諸国から祖国を護るという受動的なナショナリズムを描くという方向に関心が移っていった。

ニ）その後、非ヨーロッパ世界における植民地の独立および苦悩、冷戦体制の動揺と消滅、革命史研究における修正主義の台頭および論争、マイノリティ論・ジェンダー論の影響等々の中で、フランス革命史教育の目標も次第に変化を遂げてきた。

〈今日的意義〉「フランス革命200周年」を迎えた1989年は、日本では長かった昭和の時代が終わりを告げ、世界的にも冷戦の終結、東欧の革命、天安門事件等々に代表される激動期でもあった。1970年代後半からフランス革命史研究において、フランス革命はブルジョワ革命といえるか否かを問題とする修正主義の主張が台頭してきたが、日本の高校世界史教科書を見る限りで

は、フランス革命の評価については大きな変化は見られない。しかし、かつての「自由・平等・友愛」を普遍的価値として理想化する記述には、変化が見られてきた。

それでは今日にあって、フランス革命を世界史教育の場で学ぶ意義は、どこにあるのであろうか？　いくつかの現行の教科書を比較し、フランス革命200周年以降、叙述がどう変化してきたかを見てみたい。

イ）全体的には、社会史研究の成果を反映して、フランス革命によって、アンシャン・レジーム期の村の共同体や、都市のギルドなどの団体を通しての緩やかな支配から、パリを中心とする中央集権的な国民国家への移行過程での政治文化的側面を重視する教科書が多くなってきている。これは最近の歴史学会での大きな課題の一つである「国民国家を問う」という問題意識を反映していると思われるが、それに伴いフランス革命史においても国民意識、ナショナリズム、愛国心、国民的統合などの諸問題が教科書でも重視されてきている。

ロ）かつては、人権宣言を中心に政治的・経済的・思想的な自由、権利の平等が強調され、その精神が、その後の革命の進展の中でどのように展開・実現されていくのかが、フランス革命史叙述の中心であったが、最近では、革命によって、女性の権利がどう変化したか、植民地における黒人奴隷の地位はどう変化したのか、対ユダヤ人政策は変化したのかなど、教科書でも取り上げられるようになってきた。

ハ）また、比較史的な意味で、フランス革命を環大西洋革命の一環としてとらえようとする叙述、すなわち、アメリカ独立革命、ハイチの独立、ラテンアメリカ諸国の独立と関連させている叙述、また、同時代に進行していたイギリス産業革命の影響や東欧諸国における啓蒙専制君主による上からの諸改革など、一連の改革運動の流れの中で、フランス革命の意義を比較史的にとらえる叙述なども見られるようになってきた。

## (3) 授業の内容

前述の目標を、実際の授業に反映させるために、参考として欲しい観点を

以下にいくつか挙げておく。

### ①「人および市民の権利宣言」の「人」とは？

わが国では、『ベルサイユのばら』などでよく知られているように、アンシャン・レジーム末期の宮廷における女性の役割は、腐敗した宮廷における権力闘争を象徴する例として、王妃を中心に取り上げられてきた。

革命突入後、1789年10月にパリの主婦らを中心に、パンを求めてヴェルサイユ行進を行なったことは有名であり、その結果、国王一家、国民議会がパリ市内に移され、民衆の監視下に置かれるようになり、パリの女性たちが大きな役割を果たしたことは、教科書でも記されている。断頭台の露と消えた王妃マリー・アントワネット、ジロンドの女王と呼ばれたロラン夫人、マラーを暗殺したシャルロット・コルディーなども登場する。

では、フランス革命を通じて、女性の地位はどう変わったのか、あるいは変わらなかったのか、大きな問題であるが、どの世界史教科書を見ても、書かれていない。

よく知られているように、「人および市民の権利宣言」（人権宣言）における「人」とは男性のこと。当時の革命派であったマレシャルは「女性にとって世界とは家庭、夫こそが人類のすべて」、ジロンド派のブリッソーも「女性は幼稚園に通うだけで充分」と述べるなど、女性の権利はまったく認められていなかった。政治参加も男性の政治活動を準備する枠内での活動は認められたが、蜂起が勝利した後は、叱責や侮辱を避けるために家庭に戻った。

貴族の私生児として生まれたオランプ・ド・グージュは、革命前から劇作家として活躍しており、植民地における黒人奴隷制に反対していたが、革命勃発後、革命派の集会に参加、1791年9月に「女性および女性市民の権利宣言」を出した。政治的には、愛国的穏健派であり、ロベスピエール、マラーを批判し、国王処刑に反対したために、反革命派として処刑された。同じ頃、クレール・ラコンプらの「革命的共和主義女性協会」も禁止され、女性の地位は、フランス革命によってはまったく認められず、ナポレオン法典によって、さらに固定化されていくのであった。

②フランス革命と奴隷解放、植民地の独立

　1492年にコロンブスによって「発見」されたイスパニオラ島は、金鉱採掘の重労働のため先住民は絶滅、黒人奴隷制が導入された。1697年からはフランスは島の西半分を奪い、植民地（ハイチ）とし、奴隷労働により綿花・砂糖などを生産、革命直前の対外貿易の半分を占めた。

　1788年にフランス本国で「黒人の友協会」が設立され、非人間的な奴隷制を批判していたが、89年「人権宣言」が出されると、91年ハイチで奴隷反乱が勃発した。それに対し植民地議会は、92年黒人奴隷制の永久維持を決議したが、反乱はかえって激化した。93年にはフランスのために戦った者に解放宣言が出され、94年国民公会は黒人奴隷制廃止を決議した。

　しかし、諸党派とも「文明化の使命感」という理由で植民地保持は正当化したので、トゥサン・ルヴェルチュールは奴隷解放を指導し、その後フランス総督を巧みに追放し、1801年には終身総督となり、ハイチの独立宣言、憲法発布を行なった。1802年にナポレオンの派遣した2万余の鎮圧軍に敗れ、逮捕、アルプス山中で獄死したが、彼の意志はデサリーヌ、ペションらに受け継がれ、フランス軍を撃退、ハイチは1804年独立し、06年史上初の黒人共和国となった。

　ハイチの独立は、白人中心の人権宣言を、より普遍化する役割を果たしたといえよう。


③フランス革命とポーランドの再建

　18世紀半ば、選挙王政下の政情不安に苦しんでいたポーランドに対し、東の大国ロシア帝国はスタニスワフ・アウグストを国王として送り込み、それに反発したプロイセン、オーストリアとの間で第一回ポーランド分割が行なわれた。その頃、下級シュラフタ（貴族）のコシチューシコは、パリ留学から帰国していたが、思うような地位につけず、アメリカ独立戦争支援に向かった。

　その頃、ポーランド議会では改革派が主導権を握っており、1791年には立憲君主制、三権分立、上層市民の参政権などを骨子とする「5月3日憲法」

を採決したが、保守派がロシアの介入を要請、革命フランスとの戦争で動きのとれないオーストリアを除き、第二回ポーランド分割が行なわれた。これに対し「自由平等の原則を全ヨーロッパに宣布したフランス共和国はポーランド革命を支援すべきである」と考えたコシチューシコは、94年クラクフで蜂起宣言を行ない、ロシア軍を破ったが、当てにしていた国民公会のフランスは、ジロンド的な5月3日体制のポーランドを支持せず、援軍をおくらず結果的に敗北した。彼はロシア軍の捕虜となり、95年第三回の分割でポーランド王国は消滅した。

その後、亡命ポーランド人による祖国再建の運動がパリを中心に企てられるが、フランスではナポレオンが1799年統領政府を樹立、かつてポーランドを分割したオーストリア、プロイセン、ロシアに対する対外遠征に亡命ポーランド人の協力を求めた。しかし、コシチューシコは生粋の共和主義者で、独裁的なナポレオンへの協力を是とせず、中心となったのはドンブロフスキらであった。彼らはナポレオンに協力する亡命ポーランド人の軍隊として、祖国の再建を願いイタリア、スペイン、ドイツ、ロシア、ハイチなどで戦い、結果的にワルシャワ公国の一時的独立を実現したのであった。

資料　　ドンブロフスキのマズルカ（ポーランド国歌）
　　　　ポルスカいまだ滅びず、われら生きるかぎり、
　　　　外つ国の力に奪われしもの、われら剣もて取り戻さん
　　　　"進め　進め　ドンブロフスキ、
　　　　イタリアの地より　ポルスカへ
　　　　汝の指揮のもと　われら国の民と結ばれん"

　　　　ヴィスワを越え、ヴァルタを渡り、
　　　　われらポルスカの民とならん
　　　　ボナパルトのためしにならい、われら勝利をば得ん
　　　　"リフレーン"

**参考文献**

阪東宏『ポーランド入門』（三省堂選書　1987年）
田中治雄ほか『フランス革命と周辺国家』（リプロポート　1992年）
浜忠雄『ハイチ革命とフランス革命』（北海道大学図書刊行会　1998年）

〔松本通孝〕

## 4……………須恵器と文字を伝えた人びと

### (1) 日本古代史における文化学習の現状と問題点

　日本古代史の学習では、文化学習が時に中心的な位置で展開される。それは日本古代史の展開が、先進文明を展開させた中国・朝鮮など東アジア世界から強い影響を受けたという、時代的特質によるためである。なかでも朝鮮半島と日本列島とは、海を隔てているが釜山・博多間は約200kmと近く、先進文化が半島から列島に伝わり、国家形成や生活文化に大きな影響を与えてきた。

　しかし5世紀の文化についての学習では、水稲耕作技術や文字、須恵器など先進文化の受容を扱うものの、それを伝えた人びとや交流の実相を学習の中心にする授業は、きわめて少ない。それに近年、東アジア世界での日・中・韓（朝鮮）国民の共生を課題に、歴史認識の形成を目指す共同の教科書・教材づくり、実践交流が進みつつある。私もその視点に立ち、須恵器・文字・渡来人を教材にした日本古代文化学習の構成を試みたい。

### (2) 須恵器・文字・渡来人を教える意義と目標

　須恵器・文字・渡来人は、5世紀の日本古代史を解明するキーワードである。特に須恵器と文字は、近年韓国や日本での発掘調査が進み、博物館の展示や教科書の記述に新鮮な歴史像をよみがえらせ、またその伝達者として渡来人の移動や役割にも歴史的な関心が寄せられている。

　しかし、この渡来人について、日本古代国家への同化を意味する“帰化人”の記述は完全に教科書から消えたものの、まだ優れた技術を持つ一部の集団が渡来した程度の記述で、民族移動的な大量渡来とみるには至っていない。4世紀から6世紀の東アジア世界は激動し、特に朝鮮半島情勢の激変は、半島民の列島への大量移動を生む背景となった。半島と列島には酷似した遺物・文化財が、少なからず発見されている。こうした“点”やそれらをつな

ぐ"線"や"面"を視野に入れて教材を組み、人びとの移動の歴史をよみがえらせることが、本時の学習目標となる。

(3) 授業の内容構成——展開例

【導入】半島と列島に出土した瓜ふたつの文化財

　地図(1)は、紺色ガラス製皿、馬形帯鉤、それに鉄製馬面冑（いずれも5世紀）について、半島と列島の出土遺跡を示したものである。（ほかの類似品には、陶質土器、須恵器、鉄、鉄器、馬甲、漢字や象嵌技術があるが、簡明に表示するため限定した。）

　このうち半島の加耶で、馬甲は10例以上、馬冑は15例が確認され、一方列島では、馬甲は大谷古墳のほか甲山古墳（滋賀県）、馬冑は将軍山古墳（埼玉県）の出土があった。そして製作年代は、半島は5世紀、列島は5世紀後

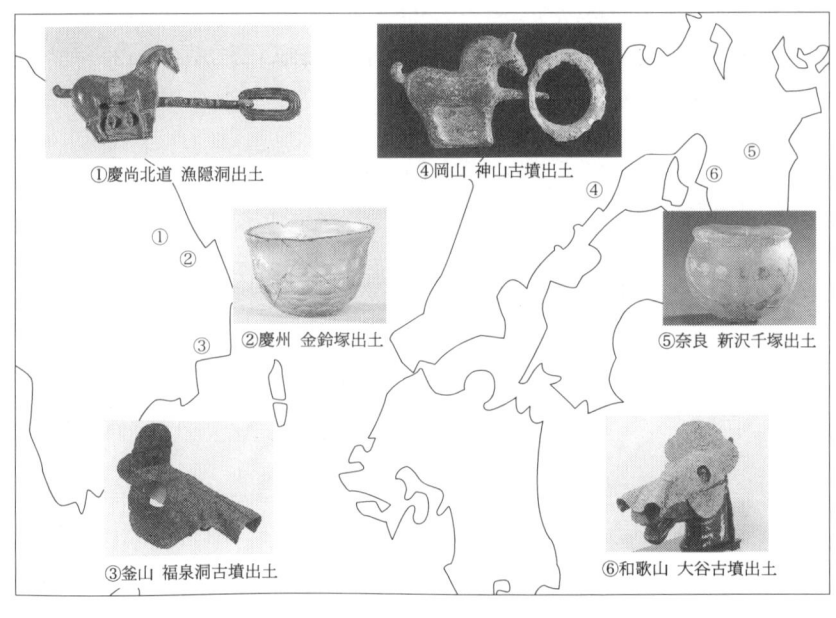

①慶尚北道　漁隠洞出土
④岡山　神山古墳出土
②慶州　金鈴塚出土
⑤奈良　新沢千塚出土
③釜山　福泉洞古墳出土
⑥和歌山　大谷古墳出土

地図(1)　瓜ふたつの文化財
（上田正昭『古代の日本と朝鮮』岩波書店により作成）

半から6世紀であることから、渡来人が半島より対馬海峡・玄海灘を渡って列島へ伝えた文化財であることがわかる。また上陸地点として、流域に多くの遺跡がある淀川・大和川・吉野川などにも注目したい。

## 【展開Ⅰ】渡来人の足跡を示す須恵器

陶質土器と須恵器に着目し、渡来人の姿を追ってみよう。

①渡来人の焼く須恵器

青灰色で硬質の須恵器は、自然釉（ゆう）が生むガラス質皮膜のすべすべした感触が特徴である。山の斜面をくり抜いた登窯（のぼりがま）で、ロクロで成形した素器を1100度の高温で焼き、焼成中に空気を遮断（しゃだん）し、酸素の供給を止めた還元焔（えん）焼成で焼き締めてつくる。それまでの土師器（はじき）と違い、半島より5世紀に伝来した高度な技法で作られた土器である。すなわち、この時期に半島からの渡来人が列島で製造を始めた新土器である。

②須恵器のふるさと

須恵器のふるさとは、半島南端の加耶の地である。この地で4世紀以降、同様の製法で作られた土器は陶質土器と呼ばれている。釜山に近い国立金海（キメ）博物館には、多様な陶質土器群の展示がある。日本の博物館に展示されている5世紀以降の須恵器を想起すれば、列島の文化が加耶文化を母体に誕生したものであることが、一目瞭（りょうぜん）然にわかる。当然、韓国高等学校教科書には「加耶土器は日本地域に伝えられて、須恵器土器に直接的な影響を与えもした」（『新版韓国の歴史』明石書店　2000年）と記述されている。

③渡来コースを示す須恵器

須恵器生産の起源を探るものに、半島で作られ渡来人によって持ち運ばれた陶質土器がある。出土遺跡は大阪府・奈良・兵庫・広島・福岡・長崎に目立つものの、紀氏一族の根拠地である紀の川流域が最も多い。4世紀後半以降、渡来人がこれらの地域に移入し、根拠地としたことがわかる。

また地図(2)は、最古の須恵器生産地の福井奥ヶ谷遺跡（岡山県）、陶邑（すえむら）（大阪府）、一須賀窯（大阪府）などに加えて紀の川流域の主な陶質土器出土遺跡を書き入れたものである。このうち陶邑はヤマト政権の官窯的性格が強く、

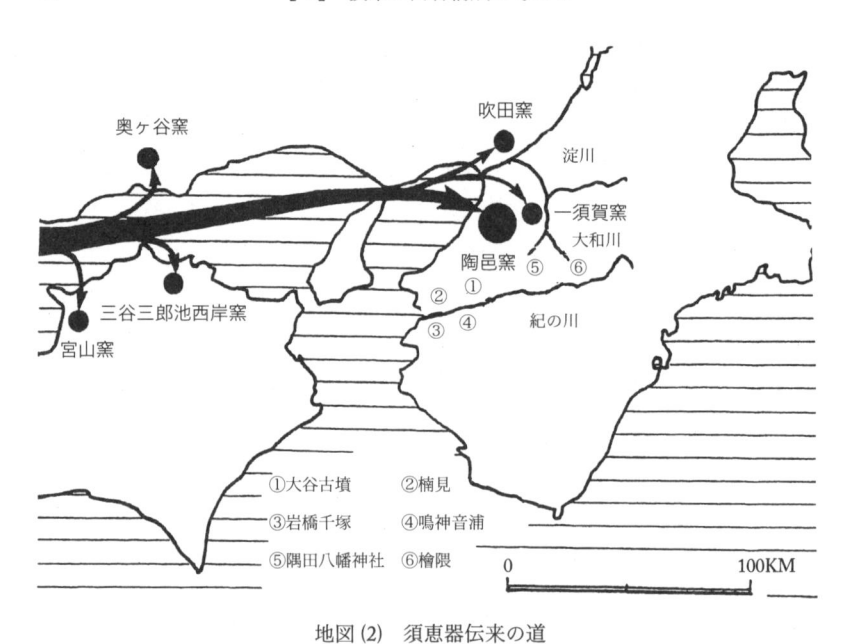

地図(2) 須恵器伝来の道
（原図　藤原学「須恵器窯遺跡群」『土師器と須恵器』雄山閣　所収）

①大谷古墳　②楠見
③岩橋千塚　④鳴神音浦
⑤隅田八幡神社　⑥檜隈

大量の須恵器を政権のみならず地方にも供給した生産地である。そして近年域内で発掘された大庭寺窯の出土品は、大半が半島のものと酷似し、注目されている。また陶邑とは無関係な一須賀窯の須恵器文様が、加耶の陶質土器とそっくりなことも分かっている。これらは須恵器の生産が陶質土器と密接に関わって始まり、そこに渡来人が深く介在し、その大きな原点が紀の川流域の遺跡であったことも物語るものであろう。須恵器は葬祭供献用器として巨大古墳や各地域の群集墳の被葬者から求められ、また水持ちのよい、壊れにくい貯蔵器として重用され、各地域で生産された。市町村誌により、それぞれの地域にある須恵器窯遺跡を地図上に載せると、列島での渡来人の移動ルートもみえてくる。

④渡来人が広めた文化

　紀の川流域の岩橋千塚や楠見・鳴神音浦遺跡からは、陶質土器や須恵器、鉄鍬、鉄鎌や韓式土器の甑が出土した。鉄製農具による乾田農業が流域で

拡大し、かまどや甑を使い、蒸して米を食べる生活が広がっていたことが分かる。また陶邑内の野々井遺跡からは、須恵器片に「□林右」や「□尻方」と陰刻された文字や、流通上の必要からか、「－」「＋」「×」などの記号を刻した須恵器が多く出土している。さらに熊本県の陶質土器出土地の船山古墳は、銘文鉄刀でも知られている。5世紀に渡来人は須恵器に加えて文字も広めていたのである。

【展開Ⅱ】文字史料が伝える歴史的世界
①発見が相次ぐ文字史料
表(1)は、近年列島各地で発見された墨書・刻書土器の「文字」資料である。

表(1) 古代の「文字」資料

| 年代 | 遺跡（場所） | 「文字」 | 記された遺物と方法 |
|---|---|---|---|
| 2世紀前半 | 大城遺跡（三重県安濃町） | 奉？ | 高坏（たかつき）の脚部破片にヘラで刻まれた |
| 2世紀後半 | 貝蔵遺跡（三重県嬉野町） | 田 | 土器の胴部中央に墨書 |
| 3世紀中ごろ | 三雲遺跡群（福岡県前原市） | 竟 | 甕（かめ）の口縁部に刻まれた |
| 3世紀後半 | 根塚遺跡（長野県木島平村） | 大 | 土器片に刻まれた |
| 4世紀初頭 | 柳町遺跡（熊本県玉名町） | 田 | 木製短甲（よろい）の留め具にあり、墨以外の染料で記された |
| 4世紀前半 | 片部遺跡（三重県嬉野町） | 田 | 土器の口縁部に墨書 |

（朝日新聞　99.12.1）

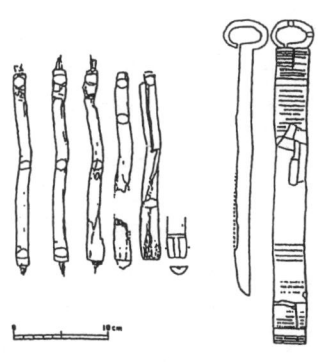

茶戸里遺跡出土の筆（左）と刀子（右）
（李健茂「茶戸里遺跡出土の筆」について　より）

その後も発見は続いており、文字伝来の始期が弥生時代であることから、弥生文化像を修正する必要も生まれている。それに韓国金海遺跡に近い茶戸里(タホリ)遺跡では、紀元前1世紀後半の筆や誤記訂正用道具の刀子(とうす)が出土し、朝鮮半島南端に達した中国漢字文化の存在と列島への伝来も視野に入ってきた。

②渡来人が刻した漢字伝来の姿と広がり

近年、稲荷山古墳（埼玉県）鉄剣銘の判明や、稲荷台古墳（千葉県）「王賜」鉄剣銘の発見で、江田船山古墳（熊本県）鉄剣銘や隅田八幡宮（和歌山県）鏡銘文の研究も大きく進展した。教科書では漢字が5世紀に列島に普及し、またヤマト政権の全国統一を示すものと紹介されている。しかし、「獲加多支鹵—ワカタケル」（稲荷山、船山古墳剣銘）「意柴沙加宮—オシサカノミヤ」（隅田八幡宮鏡銘）などの漢字用法を借りた音仮名表記が、古代朝鮮の固有表記に通ずること、また「辛亥年七月中記……」（稲荷山鉄剣）、「……八月中」（船山鉄剣）の表記は時格表記で、事例が高句麗長安城壁石刻文や新羅蔚州川前里青石の碑文にみられるように、文字の伝来が中国秦・漢代に始まり朝鮮半島経由である、という説明も付け加えたい。これら銘文が半島から運ばれたとは考えられず、漢字による表記技術を持った渡来人が、列島に漢字を伝えたものと説明できる格好な教材である。また隅田八幡宮銘文に刻された癸未年は、503年説が有力である。同宮は紀の川の中流域にあり、河口部には先の陶質土器・須恵器遺跡群がある。この二つを合わせれば、河口部に上陸した渡来人集団が、川沿いに開墾を進めた歴史的世界もみえてくる。そして6世紀後半以降には、岡田山一号古墳（島根県）大刀銘文中の「了」が、高句麗や百済に多くみられる音仮名表記でもあることから、漢字の使用法の習得にも広がりがみえることも伝えたい。

③今来の手伎の登場

5世紀後半の渡来人について、教科書は西文氏(かわちのふみうじ)・東漢氏(やまとのあやうじ)・秦氏(はたうじ)らの渡来説話を紹介している。これまでの渡来人に対して今来の手伎(いまきのてひと)と呼ばれ、陶部・鞍部・画部・錦部としても紹介され、須恵器や馬具、機織生産の新技術を伝えた集団としている。この説明に、同じ『日本書紀』雄略紀に「史戸」や「史部」の呼称が多く登場するとし、集団のなかにヤマト王権の書記を務

めた渡来人がいたと説く上田正昭氏の知見も加えたい。東漢氏の根拠地の奈良県明日香村桧隈(ひのくま)は大和川の源で、また紀の川上流の大淀を越え、高取町を経たところである。瀬戸内海を渡った渡来人は、大和川や紀の川をさかのぼり、大和盆地へ大量に定住し、王権内で大きな役割を果たしていた。これまでは大和川が着目されてきたが、「紀の川〜高取〜桧隈のルートも十分に考えられると存じます。最近、高取町清水谷遺跡では5世紀後半の韓式土器、オンドル機構、大壁造りがみえ、渡来人の集落であることがわかります。和歌山の大谷古墳など紀の川からのルートを考える必要があります」という上田氏の一文（筆者宛の手紙）も、理解を助ける教材として利用したい。

(4) まとめ——渡来人の時代と役割

弥生時代に始まる渡来の波は、特に5世紀から6世紀初め、また7世紀後半と続く。この間の渡来人口については、数十万人から120万人とする説（埴原和郎）や、当時の人口の3分の1に相当する100万〜200万人とする説（井上満郎）も出されており、「想像以上に多くの渡来人が日本列島に渡来し、古代史に大きな役割を果たした」との見方を生んでいる。彼らが須恵器生産など先進技術を伝え、鉄製農具による乾田農法の普及に尽力する一方、文筆を駆使し、ヤマト政権の史部として活躍した姿などに光をあてることで、日本古代史像を清新にできる。

参考文献

上田正昭「漢字の文化の変容と展開」(『古代日本と渡来文化』学生社　1977年)
玉口時雄・小金井靖『土師器と須恵器の知識』(東京美術　1984年)
岡崎晋明「文字と記号」(『日本の古代14』中央公論社　1988年)
安藤精一編『図説和歌山県の歴史』(河出書房新社　1988年)
井上満郎『古代日本と渡来人』(明石書店　1999年)
中村浩『和泉陶邑窯の歴史的研究』(芙蓉書房出版　2001年)

〔堀崎嘉明〕

## 5 ……… 江戸時代の海外情報と近代化構想

### (1) テーマ設定の趣旨

　日本の近代化の特質を理解するためには、近代化の主要な契機となった江戸時代の日本人の海外情報の流れをとらえるとともに、それに基づいた蘭学の発達や近代化構想の芽生えを考察することが必要である。また、江戸時代の日本社会の特質を浮き彫りにし、あわせて「世界の中の日本」の位置に対する理解を深めるためには、江戸時代に来日した西欧人の日本観を検討することが必要である。今後の日本とヨーロッパ諸国との友好親善を深めるためにも、日本人の西欧観、西欧人の日本観の歴史的変遷を学習して、日本人としての自己理解や異文化理解を深めることが必要だと言えよう。
　本テーマにとり組むためには、一般的な講義形式の授業よりも、生徒の主体的な授業参加を促すために、次のような設問・発表形式の授業を導入するとよいと思う。すなわち、教科書の内容を補充し、生徒の歴史的思考力を高める視点から作成した教師自作の資料プリントを活用して授業を展開する。まず授業の事前にその資料プリントを配布し、各資料に付記した「着眼と考察」と名づける設問のいくつかを生徒に割り当てて、学校図書館などで調べた結果をプリントにまとめさせて授業時に一人3分程度で発表させる。生徒に資料の読解のトレーニングを課すとともに、自主的な歴史学習の方法を身につけさせるためである。その上で発表者と聞き手の生徒との間で質疑応答する時間を設け、あわせて教師の側からも歴史的思考の場面を導き出すような発問をしたり、補足説明をしたりしてテーマについての理解を深めさせる、という授業形態である。また、「年間指導計画」での位置づけは、幕藩体制の動揺と新思想の発展を反映した「化政文化」の直後とし、次のような新しい切り口で3時間の授業内容を構成することにしたい。

(2) 本テーマの授業の展開例

A　西欧人の見た日本（第1時）
a．江戸時代に来日した西欧人の日本観を表す資料として、鎖国期はケンペル『日本誌』とシーボルト『日本』、開国期はオールコック『大君の都──幕末日本滞在記』を取り上げ、それぞれ二人ずつの生徒を割り当てる。一人にはその人物の略歴・人間像を略年譜やエピソードにより説明させ、他の一人には資料プリントの該当箇所を「設問」（註①）に則して解説させる。
b．この学習の主要なねらいは、西欧人が日本を観察した文章の読解を通じて、次のように外から見た日本像の特質をつかませることである。
　①ケンペル『日本誌』……オランダ東インド会社の医師の目で元禄時代の日本をリアルに観察して書いたもので、特に徳川幕府の鎖国政策を「日本社会を平和で豊かなものにした」と肯定的に評価している点に注目させる。対日貿易を独占しようとしたオランダの国策との関連も考察させる。
　②シーボルト『日本』……蘭日貿易に資するための日本の多面的な調査研究という使命感から作成されたもので、彼のあくなき探求心が「シーボルト事件」を引き起こすに至った事情を理解させる。また、「将軍政治は、古いけれども常緑の根を持つミカドの神国の幹に寄生して繁茂すると同時に、世界で最も強い封建国家に溶解し難い蔓でからみついているのである」という江戸時代における天皇と将軍の二重政体に対する鋭い指摘などを理解させる。
　③オールコック『大君の都』……イギリスの初代駐日公使の立場から、幕末開国期の日本を体系的に観察したもので、特に外交貿易の開始が不可避的に「幕藩制社会の変革」の萌芽をもたらすことを強調している点に注目させる。また、日本の支配者が完全に開国政策をとり、人民が長年蓄積してきた知識や技術が解放されれば、日本の工業は産業革命の段階に飛躍するであろうと予言している点にも注目させる。

c．この3冊の著書が、西欧諸国に与えた影響、さらに対日政策との関連についても考察させる。
　①『日本誌』は、日本の自然や社会制度を幅広い視点から分析・紹介し、日本を未開地域と見たこれまでのカトリック的な価値観から解放した。啓蒙主義の時代である18世紀を通じて、「戦乱のない平和国家のモデル」として紹介したケンペルの日本観は、フランスのヴォルテールやドイツのカントなど多くの思想家の日本観に影響を与えたことを理解させる。また、ケンペルの鎖国論が志筑忠雄により邦訳され、吉田松陰ら幕末の日本の知識人の世界認識に少なからぬ影響を与えたことにも着目させる。
　②『日本』およびシーボルトが日本から持ち帰った膨大なコレクションは、ヨーロッパにおける日本学の中心的な情報源となった。また、その日本人の国民性に関する言説などは、日本の開国を勧告したオランダ国王の親書や来日前のペリーの日本研究にも影響を与え、日本開国の気運づくりに貢献した。こうしたシーボルトの日本研究の波紋を多角的に考察させる。
　③『大君の都』には、オールコックの幕府に対する強い不信感が示されている。そして、貿易の安定・拡大のためには、イギリスは安易に力づくで日本を征服しようとすべきではないとしつつも、薩摩藩を中心とする雄藩連合政権を構想し、それを後援する政策を採用した経過を考察させる。その際にイギリスとは対照的に幕府を支援した同時期のフランスの対日政策の背景にも触れさせる。
d．資料プリントは、上記の書の各原文の重要部分の紹介にとどまらず、書中の「挿し絵」や地図、それに近年日本で開催されたシーボルトやケンペルのコレクションの展覧会の図録中の写真なども掲載して、生徒に親しみやすいように留意する。

B　鎖国体制下の海外情報と教育の普及（第2時）
a．鎖国体制下の日本人の海外情報としては、次の5種類があったことを

明らかにし、それぞれのルートの情報や文物の流れの具体的な内容（貿易の実務担当者、輸出入の品目、学術・政治・風俗などの情報の質とレヴェル）を、各1名の生徒に分担させて調査・発表させる。

①オランダ風説書・オランダ通詞・唐風説書・唐通詞・蘭書や漢籍の輸入などによる長崎ルートの情報

②宗氏・朝鮮通信使などによる対馬ルートの情報（特に朝鮮通信使をめぐる沿道各地での日朝の文化交流）

③薩摩島津氏などによる琉球ルートの情報（琉球王国の名に隠れた対中国貿易の利権の獲得、中国や西洋の情報の流入など）

④松前藩や幕府派遣の探検家による北方ルートの情報（帝政ロシアの極東進出への対抗策として展開された幕府の北方地域の探検調査、アイヌ人・ロシア人と接触し、彼らから得た情報など）

⑤異国体験をもつ漂流民ルートの情報

　　このルートの情報に関しては、資料プリントで桂川甫周『北槎聞略』（ロシアから帰還した大黒屋光太夫の海外体験を筆録）のさわりの部分や中浜万次郎の略歴を紹介・解説して、その情報が江戸時代人の世界認識を深める契機となったことを理解させる。

b．蘭学が発達して西欧の近代社会への関心を導き出した要因としては、次の三つの事情が考えられることを、具体例を挙げて説明する。第一に儒学による実証的合理的思考態度の形成が、民生の役に立つ利用厚生の実学に対する関心を高め、それが蘭学需要のベースとなったことである。第二に藩校・私塾・寺子屋などの教育の普及が、多くの武士や庶民の知識欲の向上を促したことであり、第三に身分や支配地域の枠を超えた知的な交流や情報交換の場が拡大し、出版活動が活発化したことである。

c．私塾については、特に鳴滝塾と適塾を取り上げ、各生徒1名を割り当てて、それぞれの師匠とその教育方針、教科目の内容や教授方法、そこで養成された有名人などについて調査・発表させる。

d．このテーマ学習の内容が堅苦しくならないように、例えば、井上靖『お

ろしや国酔夢譚』、吉村昭『冬の鷹』『ふぉん・しいほるとの娘』などの文学作品を紹介して、人間記録への共感的な理解に導くように努める。

C　江戸時代の近代化構想（第3時）
a．ここでの重点は、経世的蘭学を中心として近代化を準備した江戸時代の開明思想を考察することにおく。
b．蘭学は当初、医学・本草学・天文学など自然科学的な分野に限定されていたが、化政・天保期以降、同時代の政治や対外関係と関連の深い世界地理・西洋事情を研究する蘭学が発達した。その結果、西洋近代という第三世界を認識することにより、第二世界すなわち中国儒教文明を相対化し、「世界の中における日本の相対的位置」を確認することができるようになった。こうした観点から本多利明『西域物語』（資料1）と渡辺崋山『慎機論』（資料2）を取り上げ、(第1時)の場合と同じようにそれぞれ二人の生徒を割り当て、発表と質疑応答の時間を設定する。前者では主に北方の開発と対外関係の拡充を訴える「重商主義」的な国家構想に注目させ、後者では主に西洋諸国の人材養成の政治や学問の公開・公共化の評価、その対外膨張政策の特徴と幕府の鎖国政策に対する警告などに着目させて、開国前夜の民間人の近代化構想の特質をとらえさせる。
c．蘭学を通じて西洋事情に対する知識が豊富になるのに伴い、封建的な身分制度、割拠体制、鎖国政策、神話・伝説などに対する批判が活発になった。また、欧米列強に対する危機意識から徳川家至上主義の弊害を告発し、幕臣の立場を超えた日本人としての自覚に立脚して、通商貿易の拡充、産業経済の近代化、公議政体論の採用などを提唱するようになった。こうした観点から島津斉彬『斉彬公史料』（資料3）、横井小楠『国是三論』『沼山対話』（資料4）、勝海舟『幕末日記』などを取り上げ、b．と同じような授業展開により、開国型改革派の思い描いた国家構想の論拠や特徴を明らかにし、あわせて幕末維新期の

政局の複雑な関係を考察させる。

d．その後、福沢諭吉が欧米諸国に三度も渡航してその文明を実見した経験を基に執筆した『西洋事情』の概要を紹介し、前記の開明思想家の近代化構想との相違点を明らかにする。

e．以上のような学習により、日本の近代化のコースの特質や問題点を西洋諸国や中国の近代化と対比して考えさせる。

註①　ケンペルの場合、「ケンペルは、日本の鎖国体制をどのように評価したか。また、その要因は何か」

資料1・2・3　（省略）
資料4　横井小楠『国是三論』（部分、『日本思想体系　55』岩波書店　1971年）
　日本全国の形勢かくのごとく区々分裂して、統一の制あることになれば、癸丑の墨使ペリーが日本紀行に無政事の国と看破せしは、実に活眼洞視と云ふべし。当今忌諱を犯して論ずるときは、幕府の諸侯を待つ国初の制度、その兵力を殺がんことを欲するによって参勤交代を初め大小に随ひて、造営の助功、両山その他の火防、関門の守衛、かつ近年に至っては辺警の防守等、最も労役を極めて、各国の疲弊、民庶に被る事を顧みず。また金銀貨幣の事より諸藩の制度天下に布告施行する所、覇府の権柄により徳川御一家の便利私営にして、絶えて天下を安んじ庶民を子とするの政教あることなし。ペリーが無政事といへるもまことに然り。　（中略）
　メリケンに於てはワシントン以来三大規模を立てて、……一は全国の大統領の権柄、賢に譲りて子に伝へず、君臣の義を廃して一向公共和平をもって務めとし、政法治術その他百般の技芸・器械等に至るまで、およそ地球上善美と称する者は悉く取りてわが有となし、大いに好生の仁風を掲げ、イギリスにあっては政体一に民情に本づき、官の行なふ処は大小となく、必悉民に議り、その便とする処に随ひてその好まざる処を強ひず。
〔着眼と考察〕　①横井小楠は、徳川幕府の政治の弊害をどのように批判したか。
　　　　　　　②欧米諸国の政治の長所をどのように指摘したか。

**参考文献**

杉浦明平・別所興一編著『江戸期の開明思想』（社会評論社　1990年）
別所興一「地歴科日本史における自己展開学習の試み」（『東海教師教育研究』21号　2006年）

〔別所興一〕

# [5] 歴史教育をめぐる諸問題

## 1 ……………………… 自国史と世界史

### (1) 世界史とは何か

　中学校の社会科では「歴史的分野」として一つにまとまっているが、高校の地理歴史科の科目では「日本史」と「世界史」が分かれている。そして、高校生の間では「日本史」とは日本の国内問題を扱い、「世界史」とは外国史を扱うものだという間違った考え方が広まっている。

　それでは「世界史」と「日本史」はどうして分かれているのだろうか。日清戦争以後の日本の歴史学は、国史、東洋史、西洋史の三本立てとなり、歴史教育においても、旧制中学では三科目に分かれていた。その時代的背景については114ページを参照。

　新制高校が発足した当初も三科目体制が継承されていたが、1949年に西洋史と東洋史が統合されて世界史という科目が生まれたことによって、「世界史」と「日本史」が並立することになった。こうして戦後も「日本史」は世界史から切り離された一国史的な歴史を学習する科目とされ、教科書に朝鮮・台湾の植民地支配についてある程度書かれるようになったのは1980年代以降のことになる。

　新しい「世界史」の科目の中で、西洋史の部分は相変わらず近代化のモデルとして西洋に学ぶという姿勢が継承されてきた。ただ、国民国家や植民地支配のモデルとしてではなく、民主主義と工業化のモデルに力点が移っただけであった。古代ギリシアの民主制やフランス革命、反面教師としてのファ

シズムの学習が重視された。東洋史に関しては、戦後の米ソ対立の中での東アジアはもはや日本の侵略の対象とはなり得なくなった。そのため、中国史は学習する意義と目的が不明確なままに旧来の内容を踏襲し、朝鮮史に至っては中国史の付け足しとしてほとんど無視されてきた。

そのため、実際の授業では西洋史中心の「世界史」となっていた。さらにマルクス主義の唯物史観の影響で原始共同体、古代奴隷制、中世封建制、近代資本主義という発展段階を軸にして歴史をとらえようとする傾向が広まり、発展段階の説明がしやすいヨーロッパ史に多くの時間が割かれることになった。こうして、世界史＝西洋史＝外国史という考え方が定着していった。

(2) 世界史の中に自国史を位置づける

現代の世界はそれぞれの国が互いに依存しあって成り立っており、国際平和についてはもとより、公害や農業問題など国内の問題にしても国際的な協力なしには解決できないことが多くなっている。しかし、世界の動きを日本の内と外という二項対立的にとらえ、外からの主張に耳を傾けることは自国の利益を損なうことだとする見方が高校生だけでなく、かなり多くの日本人の中にも見られる。

また一方では、国際社会との協調の大切さを理由としてアメリカの政策に歩調を合わせることの必要性が語られたりもする。経済的にも軍事的にもアメリカの力を無視して世界の動きを理解することはできないが、国際社会の中にはさまざまな立場や見方があることを忘れてはならない。

### 東アジアの中の日本

歴史を見る場合にも日本史と世界史を切り離して考えることはできない。世界史は欧米先進国の歴史ではない。世界史には社会のしくみや文化の異なるさまざまな地域が含まれ、日本も東アジア地域の中の一国であり、世界史の一部をなしている。日本の歴史を理解する上で東アジアの動きとの関連で見ていくことが大切である。稲作などの農業技術をはじめとして仏教や漢字

文化など、日本は中国・朝鮮などの東アジアのさまざまな文化の影響を受けてきた。それだけでなく、いつの時代においても東アジアの動きが日本の社会の変化にも大きく関係している。遣唐使の派遣やその中止、モンゴルの来襲、勘合貿易などについても、日本側の事情や国内への影響だけでなく、その背景にある中国・朝鮮側の事情にも目を向ける必要がある。

とはいえ、東アジアの中に日本を位置づけて見ていく場合に、他の地域との関係を見ないで東アジアを固定的・閉鎖的にとらえてはならない。東アジアの文化も北方の遊牧民や狩猟民、西方のオアシス文化、インドや東南アジアの影響の下に形成されてきたのであり、中国には元の時代頃からかなりの人数のイスラム教徒も住みついている。そして、近代以降はヨーロッパの文化を取り入れてきた。世界の各地域の文化は、どの地域においても他のさまざまな地域の要素が多元的・重層的に重なり合って成立しているのである。

世界史をつくる日本

世界史の中の日本という場合、日本が受けた影響が重視されやすいが、日本の行動が世界史をつくってきたという視点が忘れられてはならない。19世紀後半の帝国主義列強による世界の植民地分割が進む中で、日清・日露戦争に勝利して東アジアでは日本だけが独立を守り通すことができたことを誇らしげに語る人々がいる。それは本当に日本が誇りにできることなのだろうか。日本が植民地にされずに済んだことは事実だが、それを誇りにする人々は東アジアで植民地分割の先頭に立ったのはほかでもない日本であったことを忘れている。日本の侵略を受け、日本の植民地にされた中国と韓国・北朝鮮の人々から見れば、日本こそが帝国主義国であり、隣国の独立を踏みにじっておきながら、それを誇りとする恥知らずな態度には我慢がならないのである。

このように、世界史の全体の動きの中で日本がどのような役割を果たしてきたかを客観的に理解することは、諸外国とりわけ日本の隣国である中国や朝鮮との相互理解を深めていく上で不可欠の課題である。

## (3) 国際的対話の意義

### 外側の視点から見る

　日本の歴史を世界史の中に位置づけ、東アジアの中に位置づけたつもりでも、それは日本人の視野から、日本の立場からの歴史の見方に過ぎない。中国や韓国の人々にはまた別の歴史のとらえ方がある。東アジアという場合にも日本人の視野に入ってくるのは、多くの場合中国と朝鮮である。しかし、東アジアという枠組みについては韓国人とは共有できる部分が多いが、中国人には東アジアの一員という認識はあまり見られない。中国はロシア、中央アジア、インド、東南アジア等、はるかに広い世界との密接な関わりを持っている。中国にとっては、東アジアとは中国を包含する概念ではなく、多様な要素が歴史的に積み重なってきている中の一つに過ぎないのである。

　このように見ていくと、「東アジアの中に位置づける」という発想そのものが、きわめて日本的なものであることがわかる。諸外国の歴史教育の内容を知ることによって、このような違いに気づくことができる。諸外国との歴史教科書をめぐる対話は、お互いがどのような枠組みで歴史をとらえているかを知り、相互に学びあうことによって自国史を多角的・客観的に見直していく手がかりを与えてくれる。

　韓国の歴史教師との歴史副教材の共同作業の中ではじめて気がついたことの一つに、律令制度のとらえ方の問題がある。律令制度は日本の古代史を理解する上で不可欠なキイワードだが、韓国の歴史教科書には「律令制度」は登場しない。律令がないからではなく、律令に基づく中央集権的な統治がいつの時代でも行われてきたので、他の政治制度と区別して「律令制度」と呼ぶ場面がないのである。それは中国でも同様であり、律令制度が一時的なものに終わった日本の場合が特殊なケースだったのである。

　倭寇の扱いについても、日本と中国・韓国とでは異なっている。日本では国籍に関係なく集合した海賊とされているが、韓国では「対馬島を根拠地とする日本の海賊」（『入門韓国の歴史——国定韓国中学校国史教科書』明石書店　1998年）として、外敵としての日本からの攻撃としてとらえている。

中国でも同様に、「日本の武士、商人と海賊が常に我が国沿岸地域を騒がし、倭寇と呼ばれた」(『世界の教科書シリーズ⑪中国の歴史――中国高等学校歴史教科書』明石書店　2004年) とあり、さらに倭寇を撃退した戚継光を「民族的英雄戚継光の抗倭の業績は永遠に美名を後世に残した」と賞賛している。

### 自国史の見直しのため

　中国・韓国との教科書対話は、とりわけ日本の植民地支配とアジア太平洋戦争における加害の問題を軸にして進められており、近現代史の扱い方がもっとも切実な問題となっている。教科書記述の問題点について相互にその主張をぶつけ合うことは必要だが、相手に対する批判を目的とするのではなく、対話を通じて自国史の見直しを進めるという姿勢は、いずれの時代の歴史を扱う場合にも大切なことである。ドイツが進めてきた教科書対話について日本に紹介してきた近藤孝弘は、次のように書いている。

　　「対話は自分たちの歴史認識を検証するためにしか行われないのです。……歴史認識を改めることができるのは、その必要性を理解した当人だけであって、たとえば韓国の歴史教科書の問題点を修正するのは、韓国の人々の課題です」
　　　　　　　　　　　　(『歴史教育と教科書』岩波ブックレット No.545　2001年)

　『新しい歴史教科書』(扶桑社) 作成の中心人物であった坂本多加雄は、歴史教育の課題は国民意識の形成にあり、日本人としての誇りを持たせることが大切だとして、「国民形成の物語を教えることが、歴史教育の柱だ」(『歴史教育を考える』PHP研究所　1998年) と述べている。しかし、現在の私たちは自国中心の国民意識を絶対視していては自国の利益すら損なわれる時代に生きていることを忘れてはならない。外からの影響を排除して、日本人の考え方、日本人の利害だけでものごとを判断しようとする閉鎖的、排他的な見方を改めて、世界に向けて開かれた視野を身につけていく必要がある。

### (4) ナショナリズムの相対化

　首相の靖国神社参拝についての韓国・中国からの批判に対して、「内政干

渉であり、他国から文句を言われる筋合いはない」とする声がある。そして、参拝を支持する人々の多くは朝鮮の植民地支配を正当化し、アジア太平洋戦争はアジア解放のためであったとして、加害についての責任を認めず謝罪を拒否している。靖国神社に祀られている兵士たちは国家のために命を捧げた英霊であり、彼らの死が正義に反する行為によるものであったとか犬死であったと認めることには耐えられないからである。

　しかし、韓国や中国の被害者の心情を無視した、日本人のこのような独善的な態度が、両国における日本に対する対立感情を強め、不必要な緊張関係を生みだしている。2005年の日中韓3カ国世論調査によれば（朝日新聞2005.4.27）、日本が嫌いだとする人の割合は韓国で63％、中国で64％を占めている。そして、「韓国に対する植民地支配や中国との戦争など、過去の歴史の問題」が重要だと考える人が韓国で93％、中国で92％に達している。この歴史問題を解決するためには日本の謝罪や賠償問題の再検討が必要だとする人は、日本の22％に対して韓国67％、中国63％にのぼる。

　このような現実が日本と韓国・中国との友好と協力の関係をつくり出すことを阻害し、日本の国際舞台での活動の幅を狭めている。日本が地理的に東アジアの一角に位置することは変えることのできない事実である。東アジアの平和と安定のためには韓国・中国など近隣諸国との協力関係を大切にしていかねばならない。その阻害要因の一つが歴史認識の違いにあるとするならば、お互いの歴史認識についての理解を深め、自国の歴史認識の改善を図るために対話を進めていくことが不可欠となる。

　このような対話を実りあるものにしていくためには相互に歩み寄るということではなく、自国に不都合な歴史的事実に対しても目を背けることなく誠実に向き合う態度が必要となる。

〔鳥山孟郎〕

## 2 「アジアの中の日本」という視点を

　歴史や地理の授業計画や内容を考える場合、文部科学省の学習指導要領や検定教科書の大きな問題点の一つとして、「アジア」との関わりで日本を考えるという視点の弱さ、欠落があるということを考えてみたい。この問題は歴史的にも根深く、また一言でなかなか言い尽くせない。

### 近代の「脱亜入欧」の歩みの再検討

　例えば、日本の明治維新以後の近代の歩みは「脱亜入欧」だったと言える。すなわち、欧米諸国の「近代化」を模範や目標として、それと肩を並べることを、日本の目指すべき課題とし、一方で、近隣のアジア諸国や諸民族を頼みとせず、いや、むしろ植民地として踏み台にして、「富国強兵」の日本をつくろうとした。その行き着いた先が、「アジア・太平洋戦争」における敗戦であった。すなわち日本の「脱亜入欧」の行き着いた先は、日本国民のみならず、多くの近隣アジアや世界の人々に犠牲と惨害をもたらす結果に終ったのである。このことは、日本人の歴史認識の課題として、日本近代の「脱亜入欧」の歩み、その政策・思想が正しかったのか、厳しい歴史的な再検討を迫っているはずである。

　そこで、これまで日本の文部（科学）省の学習指導要領は、この重要な課題の検討を地理歴史科や社会科など教科の分野で行なってきているだろうか。ここでは大戦後から今日までの学習指導要領の内容をすべて述べることはできないが、歴史教科書を開いてみれば、その解答はすぐにわかる。

　例えば、日本の近代化と不可分であった日本の植民地について、きちんと記述されているだろうか。台湾、太平洋の「南洋群島」、朝鮮、南樺太（サハリン）、中国東北の「満州」について、植民地とした年月は記述されている。しかし、どのように日本が支配し、収奪したのか。その支配のもとで、人々の生活と苦しみは、どうであったのか。植民地というものの"実態"がわか

るような記述は、ほとんどないと言ってよいだろう。

　文部(科学)省が、「アジア・太平洋戦争」においても、アジア諸民族に日本・日本軍がどのような加害を行なったのか、できるだけ記述させないようにしてきたことは、いわば周知のことと言ってよい。それどころか、中国や朝鮮などアジアからの批判をよそに、かつての日本の戦争を"侵略"ではなくアジアの"独立"をもたらしたとし、"植民地支配国"とは逆の歴史的な役割をもった国として描く「日本史」教科書を、文部科学省は検定で合格にしている。「脱亜入欧」という日本近代のあり方を批判的に検討し、歴史的な真実を理解するどころか、逆にかつての政策の"正しさ"を追認しようとしているのである。このような今日の文部科学省の基本的な考えのもとでは、学習指導要領や検定教科書の内容にこだわらず、独自に「脱亜入欧」について、その歴史的な事実に基づいた検討が求められていると言えよう。

## 独自な検討の必要

　その第一歩は、少なくともまるっきり記述が抜け落ちている「南洋群島」も含めて、日本がどのような植民地支配をいつまで行なったのか。そこでの植民地教育すなわち"皇民化"教育は、どのようなもので、どのような民族的な抑圧と差別が行なわれたのか。さらに、そのような教育とともに、労働力としての経済的な収奪はどうだったのか、という基本的な歴史的事実について、子どもたちに理解させることは、最低限必要であろう。できれば、その当時あるいは今日もひきずっている、被支配民族の人々に対する支配者日本人の差別意識の存在まで、学習のなかで気づかせたい。

　例えば、当時はやった「冒険ダン吉」の漫画などが、"日本人"の太平洋諸島民についての蔑視の例としてあげられる。しかし、その真の克服のためには、日本と太平洋諸島の関わりだけでなく、太平洋諸島民の古来からの歴史と生活・文化の伝統を知り、理解することも不可欠である。ヤシやイモ類を中心とする農耕文化や、カヌーを中心とする海洋文明について、教える必要があるだろう。つまり、支配者的な蔑視に気がつくだけでなく、太平洋諸島民が歴史的に独自の発展と文化的伝統を築いてきたことを理解して、はじ

めて彼らへの日本の"支配"と"抑圧"の歴史的な意味がわかる。そして、はじめて彼らを独自の対等な人間として見る視点を獲得できるからである。

## アジア諸民族の自立的な歩みを

こう考えると、私たちは近隣アジア諸国の人々についても、独自の歴史的な歩みと文化的伝統を持つ民族や国の人びととという視点を、どれだけ育ててきているのか、問われていることに気がつくであろう。

例えば、南の隣人・東南アジアのフィリピンやマレーシアについて、地理はむろんのこと歴史についても、その基本的な知識を日本の子どもは持っているだろうか。大戦前にこれらの国は、欧米諸国の植民地であった。しかし、だからといって日本と関わりがなかったわけではない。そこに進出した日本の会社や移民する日本人も存在した。しかも大戦中は、日本軍が占領・支配した。そこで、どのようなことが展開されたのか。先に述べた理由で日本の教科書は、あまり具体的に記述していない。

しかし、フィリピンやマレーシアなど日本に占領された東南アジアの国々の子どもは、自国の教科書の記述から、今日もなお日本軍占領期の痛苦に満ちた諸事実を学んでいる。日本軍に対する抵抗運動などで、多くの犠牲者を出したことも習う。一言でいえば、彼らにとって日本占領期は、長い植民地時代の最後の最も悲惨な時代だったのである。それゆえ、日本軍支配が彼らを植民地支配から"解放"した、などという歴史の解釈は、歴史的事実と違うばかりか、それ以前の長い植民地支配のもとで彼らが独立をめざして苦闘した運動を無視したものなのである。

日本の歴史教科書（世界史でさえ）では、アジアの民族運動の記述が中国を除くと少ないために、そのような非歴史的な解釈を許している。日本の子どもたちの中には、スカルノやマハテイールがどのようなことから「独立の父」と呼ばれるのかはもとより、名前さえしらない者もいるのではないだろうか。

植民地支配や日本軍占領期だけを扱うと、ともすると、その被支配民族の人びととの自立的な歩みが見えない。独立運動をきちんと扱う意義は、このよ

うな問題点を克服するとともに、できるなら、それら独立運動にも反映している民族の古来の歴史と文化的な伝統も教えておきたい。東南アジアの国家形成以前の歴史について、日本の世界史教科書の記述は、まだまだ不十分である（参照［4］－1）。

アジアに関していえば、お隣の朝鮮についても、その歴史理解がまだまだ不十分である。在日朝鮮人の存在を考えれば、日本人は中国人以上に、その歴史と文化的な伝統について、深い理解が求められている。

他方、日本の近代以降の歴史のなかでハワイ諸島（ブラジルなども）の存在も、無視はできない。ハワイ人が"独立"を失うと同時に、日本人移民が増加しているからである。第二次世界大戦中にアメリカ軍に組み込まれた日系人部隊の悲劇もある。

このように考えてくると、アジアの歴史において、日本人との関わりで知っておかなければならない史実がたくさんある。これまで、かつてのアジア・太平洋戦争終結までのことについてふれてきたが、戦後の日本の歩みについてはどうであろうか。

## 日本の戦後とアジア

日本の戦後の歩みが、アジア諸国と深く結びついていることは、多言を要しないだろう。もちろん、アジアのみならず、アメリカをはじめ世界中の国々と深い関わりをもっている。しかし、戦後はとりわけ「アジアの中の日本」という視点や問題意識をもつことが、必要ではないだろうか。戦前と違い、戦後の日本人は、アジア諸国の人びとへの差別や蔑視を克服して、アジア諸国と共存共栄していこうとする意識を身につけたであろうか。次に、アジアと日本にかかわる歴史認識に関して、二つの問題を提起したいと思う。

その一つは、戦争と平和の問題である。戦後日本は平和憲法のもとで、少なくともイラク戦争以前は自衛隊を海外に派遣したり、「武力を行使」したりしなかった。しかしながら、そのことは、戦後日本が戦争に関わらなかった、ということでは決してない。朝鮮戦争が始まった時、日本はまだアメリカを中心とする連合軍の占領下にあり、日本はアメリカ軍の前進・出撃基地

となった。朝鮮戦争は、多大な朝鮮人犠牲者を生み出し、今日にいたる朝鮮民族の分断をもたらした。日本はそれと引きかえに、「朝鮮特需」によって戦争直後の貧窮状態から脱け出して、めざましい経済復興を遂げた。

さらに、1965年ベトナム戦争が起きると、日本はアメリカ軍の前進・出撃基地としての役割を担った。日本は明確にアメリカとその傀儡（かいらい）である南ベトナム政府を支援した。国民の中には、これに反対する反戦運動も起きたが、韓国のように公然と軍隊を派遣しなかっただけで、米軍は占領下の沖縄の基地から爆撃機を発進させ、日本政府はアメリカ軍に全面的に協力・加担し、ベトナム諸民族の民族自決権を踏みにじったのである。一方、日本経済は「ベトナム特需」などによって大きな経済的利益を手にし、高度経済成長の道を駆け上ったのである。

また湾岸戦争ではどうか。日本はまたアメリカの要請にもとづき、109億円の戦費を出し、かつ自衛隊を支援に出動させた。そして、アフガン戦争、イラク戦争ではどうだったか。

### アジアの平和と民主主義のために

このように戦後のアジアにおける戦争と日本の関わりをみると、どういうことが言えるだろうか。アメリカの戦争政策に全面的な肯定と支援を与えてきたのである。このことは、戦後日本がアジアの平和に貢献したとはとても言えないだけでなく、日本の戦後の経済発展が、アメリカの戦争政策への支援のなかでなされてきたことを意味する。いいかえれば、アジアの民衆の平和への願いに応えてこなかったのである。

次に、もう一つの問題について述べよう。それは戦後の日本の経済発展が、アジア、特に朝鮮戦争とベトナム戦争を土台にするとともに、アジアの労働者の低賃金を踏み台にして行なわれてきた、という現実である。今日でも東南アジアの労働者の賃金が日本の10分の1程度であり、また現在中国への日本企業の進出の動機が、その市場的可能性とともに、中国人労働者の低賃金にあることは明らかである。つねに最大の利潤を求める資本主義経済の本質からみて、当然であると言えば、それまでであるが、植民地時代から引き

ずっているアジアの民衆の貧困の克服のために貢献したとは言えない。そればかりか、戦後のインドネシアと日本の関係に象徴されるように、日本は時にアジアの軍事独裁や戒厳令をしく、いわゆる「開発独裁」政権を支えてきた、とも言える。すなわち、アジアの民衆の人権の保障や民主主義の発展にも、背を向けてきたのである。

　かつて戦後日本の外交や企業などを称して、「エコノミック・アニマル」と呼ばれたことがある。アジアにおける日本の存在が、何よりその経済的利益を得ることを第一に優先し、アジア民衆にとっての平和やその生活の保障を二義的なものとして省みない、という点では、残念ながら今もこの表現が妥当である、としか言えないのである。

　このように戦後の日本の歩みを、アジアの「民衆との共存共栄」という視点から見たとき、戦前の「脱亜入欧」の歴史的な過誤を克服し、日本はアジアの平和と民主主義の発展に貢献してきたとは、とても言えないのである。そして、イラク戦争をめぐる日本の内外のあり方をみても、やはりそのような課題にこたえているとは言えないのではなかろうか。

## アジアの中の日本という課題

　「アジアの中の日本」という視点が、なぜ今日の地理歴史科や社会科の教育の基本にすわらなければならないのか。

　それはこれまで説明してきたように、アジアの人々と真の"共存共栄"の道を切り開くために、今切実に求められている課題だからである。それを抜きにして日本は、世界のどの国の人々とも"平和的共存"の関わりをもつことはできないであろう。

〔木村宏一郎〕

## 3......................歴史学と歴史教育の関係

### (1) はじめに

　1960年代、テレビが各家庭に普及しはじめて以来、また高校進学率が100％に近づいて以来、教師の話をじっくりと聞き、時間をかけて本を読むという生徒は年を追って減少した。1980年代にはいると私語・居眠り・立ち歩きなど授業崩壊が各地に起こり、大学においてさえ"おしゃべり症候群"が問題とされるようになった。そうしたなかにあって、知識をひたすら教え込むことになりがちであった教育から、生徒を主体にした自ら考える教育に転換をはかることが追求され、総合学習の導入など、行政サイドにおいても取り組まざるを得ない問題となってきた。

　1989年の天安門事件と東西冷戦の終結、翌90年のソ連邦解体という歴史の激動は、社会主義に対する懐疑感を深め、歴史の"発展法則"なるものへの疑念を生み出した。一方、1997年に発足した「新しい歴史教科書をつくる会」は、中学生を対象にした『新しい歴史教科書』を発行した(2002年)。そのなかでは「歴史を学ぶのは、過去の事実を知ることだと考えている人がおそらく多いだろう。しかし、必ずしもそうではない。歴史を学ぶのは、過去の事実について、過去の人がどう考えていたかを学ぶことなのである」と冒頭に述べられ、日本の歴史を"国民の物語"として、歴史学と一線を画する歴史教育観が展開されたのである。

　本稿では、この問題を考えるにあたって参考となる安井俊夫、加藤公明両氏の実践を取りあげながら、歴史学と歴史教育の関係を考察してみたい。両氏の授業実践は、先の今日的状況を背景としながら、歴史認識の形成とは何か、社会科教育とは何かなど、歴史教育・社会科教育に携わる者にとって、これからの課題が多く含まれている、と思われるからである。

## (2) 安井・土井論争をめぐる問題

　千葉県の中学校教師だった安井俊夫は、「子どもを動かすことは簡単なことではない。私が教えようと思うことを、子どもはそのまま受けとめない。全く別の角度から眺めていることが多い。だから、そのような子どもの認識の仕方とかみ合わないと、私の歴史教育は子どもの上を素通りするだけで、ひとつも子どもの力にはならない」(安井俊夫『子どもと学ぶ歴史の授業』地歴社　1977年)と、教師が教えようとする観点とは異なる子ども自身の目で歴史をとらえることの大切さに目を向けている。このような体験から安井は、生徒が身を乗り出すような教材の選択と、他人ごととは思えない課題の設定に心を砕いてきた。その一つの成果が「スパルタクスの反乱」の授業である(安井俊夫『学びあう歴史の授業』青木書店　1985年)。

　授業を繰り返すなかで、生徒の目は「奴隷制はいつ無くなるのか」という点を乗り越えて、「どうすればローマに勝てるか」に向いてきたという。安井はこの期待に応えるためには、スパルタクスの反乱を"敗北"で終わらせること、奴隷制という社会の仕組みに目を向けさせるということだけでは済まなくなってきたと考え、授業のねらいを次のように設定した。それは、①奴隷たちの自由解放・祖国帰還への願いをつかむだけにとどまらず、どうすれば自由が勝ちとれるかを子どもの追求として考えられるようにする。②奴隷の滅亡に至るまでの大きな歴史の流れの中で、この反乱の意味を考えられるようにする。③奴隷が自由を勝ちとる筋道を理解させることや、歴史の流れの中で反乱の意味を理解させるだけではなく、その筋道を子ども自身が追求できるようにする、というものである。このねらいの達成は、子どもたちの中に奴隷の願いをつかみ、奴隷たちへの共感があってはじめて可能であり、そうしてこそ、子どもの中に生きた形で残りうる知識になり、さらに科学的認識へと発展すると考えたのである(「スパルタクスの反乱をめぐる歴史教育と歴史学」　歴史学研究会編『歴史学と歴史教育のあいだ』三省堂　1993年)。

　この実践に対し、ローマ古代史の研究者でもある土井正興(故人)は、同

書のなかで次のように反論した。すなわち、安井は「子どもが反乱を起こして故郷に帰っても、また連れて行かれたらどうするのか、それよりもローマを倒せば他の奴隷も自由にできる」と奴隷制廃止の筋道を真剣に考え、安井もまたこれに共感して授業を発展させていることに対する反論である。奴隷解放が歴史的状況として不可能ななかで、教師の「奴隷の解放が祖国帰還によって達成されるか、ローマ進軍によって達成されるのか」という発問自体が、蜂起の経過に即してみれば正しくないものとして、歴史学の研究成果と切り離した歴史教育論に疑問を投げかけたのである。

　土井は、子どもの考える奴隷制廃棄への道筋が歴史の現実と合っているかどうかを考えさせることこそ、"共感"を"科学的認識"に高めるきっかけをつくることになるのであり、歴史の現実が奴隷制の廃棄困難であるとすれば、子どもたちがローマ進軍こそ奴隷を解放する筋道だと主張しても、「ではなぜ、解放軍はローマ進撃を目指さなかったのか」という発問が当然なされるべきであると主張した。そうでなければ、子どもはその共感に基づく主観的願望を歴史の中に投影することで終わってしまう、と"共感"と"科学的認識"のあり方に異なる見解を示している。

### (3) 討論授業をめぐる論争

　歴史学と歴史教育をめぐる問題は、その後、高校教師・加藤公明の討論授業をめぐって新たな展開をみせるようになった。それは安井・土井論争とは違った次元での、歴史授業の方法と歴史認識の形成をめぐる論議でもあった。加藤の討論授業とは、討論を通じて生徒に発言の場を与え、生徒の自由な思考をうながすというものである。

　「私が重視したのは、あくまでも生徒が自分の目で歴史の事実を見ることであり、そこから彼ら自身が考えた歴史の解釈と疑問を大切にすることである。……今まではそれら（史料が示す事実＝筆者）の意味するところを教師が生徒に解き明かす一方的な解説の対象でしかなかったのではないか。それでは生徒の認識はいつまでも教師のコピーでしかない……。何よりも生徒たちに自分の歴史認識は自分でつくる主体性を持たせることが大切であり、授

業はその個性と能力を集団で鍛える場でなければならない」と、自らの授業実践をふまえた歴史教育論を展開している（「平和の主体を育てる歴史の授業」『歴史地理教育』1992年6月号）。

このような歴史教育観に基づき、加藤は「現代社会」のなかで15年戦争の授業をおこなった。それは、映画『予言』の鑑賞や近衛上奏文、東京大空襲、沖縄戦などの資料を使いながら、原爆投下の意味や日本の降伏が遅れた理由などを考えさせるというものであった。授業のなかで生徒たちは、日本が決定的な劣勢に陥ってもなお国体護持というスローガンのもとに断末魔の戦いを続行したことを知り、いったい誰が何のためにあれほどの犠牲を出しても天皇主権の国家体制を守ろうとしたのかを考えたという。このテーマは、「もっと知りたい、考えてみたいと思う問題はどんなことか」というアンケートを採った結果の多数意見に基づくものだったのである。

この討論は、設定したテーマに対する生徒の意見を素材にして進められた。生徒の意見は、①軍の偉い人たち、②昭和天皇、③大地主・大企業、④貴族など身分の高い人、⑤政府の人、⑥国民の6説に分かれ、それぞれの説について賛成〇、反対×、もっとも国体護持の戦争の推進力となったものに◎を付けさせ、その理由を発表させるところから始められた。討論を通じて当初の支持者にも変化が生じ、最終的には軍人説が◎25人と最も多く、国民説は最初2人だけの支持者から討論を通じて〇11人、◎2人、×18人に変化したという。加藤はこの変化に対し、「この動揺こそ日本の軍国主義の基底にあるとされる草の根のファシズムの問題に、ひいては民衆の側の戦争責任の問題に生徒の関心が向かっていく契機となるのであり、2年または3年で再びこの時代を学習する機会を持つ生徒たちに、一つの明確な問題意識を与えた結果となったのである」と、討論学習の意義を自己評価している。

(4) 討論学習に対するさまざまな意見

討論を軸にすえたこの実践記録を読んだ大学生（筆者の「社会科教育法」受講生）は、「主体的に考えていくことのメリットは、生徒自身がそのことを本気に取り組み、考えることで、より理解を深めることができ、自分なり

の歴史の解釈ができることである。ふつうの授業のように、ただ教師に与えられた知識をノートに書いて、そういうものなのであると知って終えてしまうのではなく、自分自身がある意味、教師と同様の立場で考えることができるようになる」と感想を述べている。教師の中からも、「歴史学には仮説的なものでも積極的に取り入れる。そして、生徒の中に矛盾をひき起こし、考え、討論をやることで学者の歴史学研究の方法を追体験させることを実現している」と、従来の歴史教育とは異なる視点を評価する声もあがっている（前掲書の加藤実践をめぐる座談会）。

一方、討論授業でこそ生徒の自由な思考が保証され、歴史認識が深められるという主張に対しては、反論もある。前記受講者で他の学生は、「この授業の中で教師が重要視していることは、生徒たちに討論の中で答えをみつけさせたり、ある程度まで結論を出させて教師が答えを教えるまでの土台を作るということでなく、生徒にただ考えさせるということだと思った。……討論授業は、ただ教えるだけの授業よりも資料選びに細心の注意が必要だと思う」と、"考えさせる"ことの意味に疑問を呈し、資料選択の仕方で教師の期待する方向に導いてしまうのではないか、と危惧している。

現場教師からも、「加藤さんの指導性というか構造的理解というのが、実は生徒を自由に討論させているようだけれども、かなりの意味で枠をつくっている。討論授業という形式によらなくても、僕らが説明していることに関して共感したり、反発したり、そういう形で生徒の思考、頭の中はいつも動いている」と、疑問が出されている。自分の意見を述べさせようとする努力は、発表やレポートの場で従来もおこなわれてきたとも指摘されている。

安井・加藤の提起は、従来の歴史教育でどのような力を生徒につけさせるのか、そのためにはどのような教材を準備し、どのような授業方法が適切か、という点でも、大きな問題を投げかけていると言えよう。

(5) 歴史学と歴史教育

第二次大戦後、「国史」教科書は、"墨塗り"の対象となり、歴史の事実を歪曲した多くの記述が抹消された。1949年に結成された歴史教育者協議会

が、設立趣意書に「歴史教育は厳密に歴史学に立脚し……」とうたったのも、このような事情によるものである。

　戦後歴史教育の創造に深く関わってきた遠山茂樹は、「歴史教育がめざすものは、歴史観を教えることではなく（それは出来ることでもないし、すべきでもないという意味で）、将来生徒達が各自に科学的な歴史観を形成できるよう、その土台としての基礎的な知識の学習と基礎的な思考の訓練をおこなうことにあります。いいかえれば学説対立の基礎にある共有財産についての修得だと私は考えます」「要は、基礎的な事項についての知識の習得（生徒が覚えるべきもの）と、事項と事項の関連の認識を訓練する場としての歴史像づくり、このふたつのかなり性格の違う学習をあわせて歴史学習の基礎学力の内容を考えたい」と説いている（『歴史学から歴史教育へ』岩崎書店　1978年）。あわせて同書のなかで、「歴史的条件、歴史的発展の知的認識の教訓をとおして、徐々にねばり強く、彼らを歴史的世界の中に引き入れてゆくものである。その長い過程を無視して、中途の一つ一つの単元で、歴史に生きる姿勢を作ろうとあせるならば、これまた過去からいきなり現代の教訓を引き出そうとしたり、感動・感化を目標としたりする、歴史教育の本来の使命にとって致命的な欠陥を生むことになりはしないかを心配するのである」と、短兵急・短絡的な授業評価に警告を発している。

　同じく、遠山とともに戦後教育の再建に関わった高橋磌一は、「これまで、本当のことを教えなければならないと思うあまりに、本当のことを教えさえすれば子どもは育つと思いこんでいなかったか」「従来系統性といっていたものが、教育の本筋からいえば脱線であって、自分が脱線、脱線といってやっていたもののなかに、実は教育にとって一番大切な本筋が隠されている」（『歴史教育の創造』青木書店　1975年）と、歴史学の系統と異なる歴史教育の系統を重視することの意味を説いている。科学的認識とは事実を覚えることではなく、正しいか正しくないかを見抜く力を持つことであり、自分たちに何が大切なのか、何が大切でないのか、何を愛し、何を憎むべきかを鍛える場である、と力説している。

## (6) 歴史教育の課題

　先に記した安井も加藤も、遠山や髙橋の歴史教育論は十分理解したうえでの実践であり、これを否定するものではない。宮原武夫は「生徒が覚える、つまり知識として定着しなければならない事項と、歴史像を描くための教材とは区別しなければならない。そして歴史学習の学力である基礎的な知識と基礎的な学力のうち、考える力は生徒自らの力による歴史像の構成と討論のなかでより多く育てられるのであろう」という遠山の言葉（『歴史学から歴史教育へ』）を引いて、加藤の討論授業を高く評価している（宮原『子どもは歴史をどう学ぶのか』青木書店　1998年）。生徒の生活意識・問題意識をくみ取って、教師の側から知識・概念・歴史像を生徒の思考過程にのせるのではなく、生徒自身が自らの生活感覚を発展させて論理を組み立て、理念や歴史像を形成させる作業の過程そのものを体験させる点に、歴史学に学び、歴史学に迫る歴史教育固有の役割、意義をくみ取っているのである。

　このような討論授業の積極的評価に対し、一方ではこの風潮に対する批判的見解も表明されている。それは、教師の"教え込み"を廃することが子どもの主体的な学びを保証するという考えに対し、"教えること"と"注入すること"が同一視されており、生徒を"教え込まれる客体"と考えること自体、受け入れる側の生徒の認識を認めていないことにならないか、"教える授業"が教師のコピーをつくると批判する思考様式と同じことで、自己矛盾しているという批判である（今野日出晴「疎外される歴史教育」『歴史評論』1998年10月）。

　また、「教師の指導性を発揮していくなかでこそ、生徒の主体性を尊重していく道筋の追求が必要である」とも主張する。これは、教師と生徒の関係を主体－主体関係にあるとする「共同する社会化論」（子安潤）に対して、「教授の主体としての教師と学習の主体としての子ども、というとらえ方が出来ていない」（臼井嘉一『社会科授業論研究序説』ルック社　1995年）、「講義式授業でも、生徒の主体的な認識活動なしには成立しない」（大町健「討論授業をめぐる学力論・授業論」　齊藤・今野編『迷走するディベート授業』

同時代社　1998年）という主張にも通ずるものであろう。

　大町はまた、「定説・通説を出来合いのもの、他人の認識として他の様々の学説と同じく、しょせんはひとつの説にすぎないと考えさせ、正答を求めようとしない論争は、真の意味で学問的、科学的なものとはいえず、単に知的ゲームにおわらせてしまう」（前掲書）と、歴史学の成果に学び、真理を追究する学習から逸脱してしまうことに危機感を抱いている。

　論争は、歴史教育は歴史学にどのような点で依拠し、どのような点で独自の課題を追求するか、という点に関わる問題であるが、授業論に関する問題も深く関わっており、必ずしもかみ合った議論になっていない。出発点も先述したごとく、歴史離れや授業そのものが成り立たない現実にどう対処するか、という問題意識と、"新自由主義史観"と称される復古的歴史観に基づく歴史教育論や教科書の発行・採択運動にどう対処するか、という問題意識が混在して議論されている状況もある。しかし、安井や加藤の授業論が、一過性の話題を提供したものでないことは明らかであり、戦後追求されてきた系統的歴史学習と問題解決学習の論争を、新たな視点で追及してゆく必要があるだろう。

　一方、歴史学の側に、歴史教育の直面する課題に応えうる研究の蓄積が行われているか、という問題もある。オーラル・ヒストリーや社会史が、歴史学の研究テーマになってから久しい。近年では"歴史の記憶"も、研究テーマになっている。これらは従来の文献中心の歴史学では、いわば異端視されてきた分野だったのではないか。国民の歴史意識の変化は、生徒・学生と相対する歴史教育の場に敏感に反映する。その課題に応えようとする歴史学の探求は、まだ不十分であるといえよう。反面、社会史の蓄積を、教育の場に十分生かしきっていない歴史教育の側の問題もある。厳しい現実に直面している今日の状況の中で、歴史学・歴史教育に携わる者が、双方で考えなければならない重い課題であるといえよう。

〔鬼頭明成〕

# [6] 学校教育制度と歴史教育の変遷

## 1……………明治憲法体制下の歴史教育

### (1) 明治前期の歴史教育

①学制発布前後の歴史教育（1870年代～80年代前半）

　日本における国民教育としての歴史教育は、1872（明5）年に公布された学制から始まる。「自今以後一般の人民必ず邑(むら)に不学の戸なく家に不学の人なからしめん事を期す」（原文はカタカナ、旧漢字。以下の史料引用も同じ）とし、4年間の下等小学に続いて、就学率は激減したが4年間の上等小学（現在の小学5年から中学2年）が設置された。歴史教育は、上等小学において「史学大意」という教科が置かれ、明治以前の藩校・私塾・寺子屋で行なわれていた漢文の素読による国史教育、支那史、福沢諭吉の『世界国尽(くにづくし)』や翻訳本を基にしていたが、文部省刊『史略』（西洋）などを教材とした万国史教育が始まった。

　この時期の教科書は自由発行・自由採択であったので、文明開化の諸政策の下、欧米の自由主義的教科書が翻訳されて使われた。『史略』の原本は、当時アメリカ合衆国東北部で教科書として使われていたグードリッチ著の『パーレー　万国史』であった。この万国史教科書は、アダムとイヴから始まるキリスト教普遍史を基としており、メソポタミアを中心とするオリエント史、古代ギリシア史、ローマ史と続き、ローマ帝国滅亡後は、各国史の並記という体裁をとっていた。古代オリエント史、ギリシア史をヨーロッパの原点とみるヨーロッパ中心史観は、早くもこの時期に確立していた。一方、

東アジア世界は、三皇五帝に始まる支那史、国史も神話に始まる神国日本の歴史であった。

　1870年代後半、文明開化の諸政策を進める明治政府は、1879（明12）年に米国流自由主義的・地方分権的な「教育令」を出した。しかし、自由民権運動が政社という形をとり全国的に広まり始めると、元田永孚（もとだながざね）により編纂された天皇への仁義忠孝を基本とする「教学聖旨」が出され、翌年には「改正教育令」が出され、文部省による中央集権的な教育政策が始まった。翌81年に出された「小学校教則綱領」で「修身」の重視と「日本歴史に就て、建国の体制、神武天皇の即位……古今人物の賢否風俗の変更等の大要を援（たす）くへし……殊に尊皇愛国の志気を養成せんことを要す」と「日本史」の重要性を明示した。外国史は未だ進学率の低かった中学校に移され、配当時間は日本史：支那史：万国史＝3：2：3とした。また、教科書はそれまで自由発行であったが、80年に文部省は「国安を妨害し風俗を紊乱（びんらん）するが如き事項を記載せる書籍は勿論、教育上弊害ある書籍は採用せざる様予（かね）て注意可致」との見解を示し、自由発行の時代は終わり、次第に認可制に移っていった。

　この時期の文部省の教育方針の特徴は、国民教育として修身と日本史を重視し、特に小学校段階で尊皇愛国を教え込む姿勢が強まったことである。他方、万国史教育では、「歴史は著しき文明国民の事蹟のみを記すものなり。然（しか）らば即ち歴史の関渉すべき人種は只一のみ。人種の一大部なるカウカシアン人種即ち白人種是なり。……アリアン族は、特に進歩の種族にして、而して万国史の大半は、実に此族の国民等が、此共有の文明に供したる資益の談話を以て占領せざるを得ず」（斯因頓（スウィントン）著『万国史要』）といった記述に見られるように、まだ翻訳教科書の全盛期であった。そこには欧米中心、白人の優越、キリスト教的普遍史の影響、1871年のドイツ統一即ち国民国家の成立をもって万国史の完成とする欧米礼讃、国民国家礼讃の歴史教育が受け継がれていた。

②教育勅語発布前後の歴史教育（1880年代後半〜90年代前半）
　1886（明19）年に文部大臣森有礼（ありのり）は、「教育令」の再改訂を行い、「小学校令」

「中学校令」により、義務教育4年制を明示し、戦前の初等・中等教育制度の骨格をほぼ確立した。また、「教科用図書検定条例」により小中学校の教科書を検定制とし、「尋常中学校ノ学科及其程度」で、配当時間は、日本歴史：支那歴史：万国歴史＝2：2：3となった。

　大日本帝国憲法が制定された翌年の90年には、地方長官会議で徳育涵養の義が説かれるとともに「教育勅語」が出され、国家主導による国民教育の基礎が固まった。91年には「小学校教則大綱」が出され、尊皇愛国、国家への責務を説くとともに、日本歴史は皇統無窮・歴代天皇の盛栄を軸とした国体の大要を教えるとされた。その結果、神話が歴史的事実として教科書に取り上げられ、国体（皇国）史観が歴史教育界を風靡(ふうび)するようになった。

　外国史つまり万国史教科書でも、80年代の「取る可き者は欧州諸国なり、捨つ可き者は東洋各土ならずや……悲ひかな東洋の文化、東洋の人民は、世界全体の大運動には毫も関係を有せずして、万国史上に其名を留むる丈けの功績あらざるを如何せんや」（天野為之『万国歴史』）というような欧米礼讚・劣亜意識に彩られた教科書に対する批判が、90年代に入ると登場する。92（明25）年に三宅雪嶺は「斯の如きの書を採用して教科書となすは既に不見識たるを免れず」とそれまでの万国史教科書を痛烈に批判した。この頃から万国史教科書においても「万世一系の天皇家を戴き、欧米の文化・技術の導入に成功した」日本の国体への自信が語られるようになり、日本主義的傾向が支配的になり始めたのである。

(2) 日清戦争から、アジア・太平洋戦争までの歴史教育

①日清・日露戦争期の歴史教育（1890年代後半～1900年代）

　1890年代に入り、日本と清国との対立が激化する過程で、井上 毅(こわし)文相は1894（明27）年には「尋常中学校学科及其程度」を出し、「歴史科の要旨」の中で中学校歴史科は「国史を主とし傍ら世界史を授け」「我国体の特異なる所以(ゆえん)」を強調し、「世界史を分ちて東洋史・西洋史」とした。この歴史科については、吉田悟郎氏が「政治的な行動の主体として『万邦無比』の日本帝国に奉仕する帝国臣民の歴史的自覚をつくる。これが国史である。そうい

う日本臣民にとって、ある意味で模範となり、ある意味で非常に強い力や影響を及ぼしてくる先進諸国・文明強国として西洋が意識される。これが西洋史となる。さらに政治的主体としての日本帝国と臣民とそれに働きかける西洋と両方を考えながら、日本臣民の行動半径・勢力範囲がどこにあるかとしてとらえられたのが東洋であり、これが東洋史である」と述べている。

　実際、万世一系の天皇をいただき、西洋文明・議会制を導入した日本は、日清戦争を機に「東洋の盟主」としての地位を確立した。「極東に巍然（ぎぜん）として卓立する東洋唯一の文明国たる我日本帝国将来の運命は必ずや東洋と西洋との国際的関係を支配するに至らんとす。我国民たるもの豈に加餐（かさん）努力（あ）せざる可けんや」（原勇六『中等教科　西洋史』1896）に見られるように、日本は東アジアに押し寄せる欧州列強に対峙しうる国、清国は老大国、その冊封（さくほう）下にあった朝鮮とともに、「近代化＝西欧化」への意欲のない衰弱した国として描かれるようになった。その結果、両国民への侮蔑意識が一段と強くなったのは言うまでもない。

　また、1900（明33）年には「小学校令」を改訂し、「施行規則」で、修身は「忠君愛国の志気を養う」こと、歴史は「国民たるの志操を養う」こと、地理は「愛国心の養成」を目的に掲げた。01（明34）年の「中学校歴史教授要旨」では「国初より現時に至るまでの重要なる事歴を授け、我国の発達を詳にし国体の特異なる所以（ゆえん）を明にす」とした。また、同年起きた教科書贈収賄事件を機に03（明36）年から小学校教科書の国定化を強行した。

　日露戦争後の07（明40）年には「小学校令」「施行規則」が改訂され、義務教育の尋常小学校は6年制となり、日本歴史は地理と合わせて5、6年生で週3時間とされた。中学校においては日本歴史の重視により、国体（皇国）史観の徹底がはかられ、外国史は別の国のこととされ軽視が進んだ。その中で日露戦争を機に西洋に対抗する「東亜の盟主」としての日本、しかも国体史観に裏打ちされた日本像が確立したことが注目される。

②大正デモクラシーの歴史教育への影響と昭和前期の歴史教育
　1911(明44)年、「中学校教授要目」が改訂され、配当時間が日本史：東洋史：

西洋史＝4：2：3というように日本史の比重が更に高まった。日本歴史の教授上の注意として「特に我国体の特異なる所以及大義名分を明かにならしむることを主とし……」と、国体の護持と大義名分が強調された。

　しかし、この直後に大正政変が起き、1910年代の大正デモクラシーの時代には、欧米の諸思想が紹介され、教育の場でも自由主義教育を標榜する学校が設立され、『赤い鳥』に代表される児童中心の芸術・文芸教育などに新しい動きが芽生え始めた。また、明治時代の藩閥政治から、次第に政党を中心とした政治へと移り始め、1918（大7）年には本格的な政党内閣として原敬内閣が成立した。その後、1924（大13）年の第二次護憲運動を経て、対外的には国際協調主義、国内的には25年の普通選挙法の成立へと向かったが、しかし20年代に入ると近隣諸国との緊張関係の中で、天皇制国家と善良なる臣民の育成が説かれ、国体観念の堅守を以て歴史教育とする国家主義教育の動きが強まった。25（大14）年に治安維持法が成立し、軍縮と引き替えに学校教育に軍事教練が導入され、27（昭2）年には「日本歴史」は「国史」と改められた。

　1930年代に入ると、満州事変が起きた31（昭6）年には「昭和6年改正歴史教授要旨」が出され、「中学校教授要目」には「公民科」が登場した。また「国史」教育の重視、外国史の簡略化も打ち出され、配当時間は、国史：東洋史：西洋史＝5：1.5：2.5と変更された。大日本帝国の勢力圏として支配の対象とされた中国を中心とする東洋史と、対岸の歴史である西洋史の比重が減少し、国史教育に重点がおかれたのが特徴である。

　35（昭10）年には国体明徴運動の影響で、「教学刷新評議会」が国体観念・日本精神を根本に学問教育の刷新をはかり、「公民科」を通じて、国民錬成の教育、滅私奉公の実践が目指され、「国史」は皇国史を教えることに主眼が置かれた。その後、戦時体制の進展する中で、1937年に「昭和12年改正歴史教授要旨」が出され、日本と外国の異なる理由を明確にすると共に、「国史」は国体の本義を明徴にし、国民精神の涵養をはかるものとされた。

　1941（昭16）年には、「小学校令」が改定され「国民学校令」が公布され、4月から国民学校が発足した。その目的として、教育全般にわたって、皇国

の道を修練させることをめざし、教科目も、修身・国語・国史・地理を統合して国民科とした。戦時体制の下で、国粋主義的な教育が完成するとともに、戦時下の学童疎開、勤労動員下に本来の学校教育が不可能となる中で、1945（昭20）年の敗戦を迎えたのであった。

**参考文献**

吉田悟郎「世界史における東アジア」（比較史・比較歴史教育研究会編『共同討議 日本・中国・韓国 自国史と世界史』ほるぷ出版 1985年）
二谷貞夫『世界史教育の研究』（弘生書林 1988年）
宮地正人「幕末・明治前期における歴史認識の構造」（『日本近代思想大系13 歴史認識』岩波書店 1991年）
松本通孝「明治前期の外国史教育――万国史教科書の変遷と対外観の変化」（伊藤定良ほか編『越境する文化と国民統合』東京大学出版会 1998年）

〔松本通孝〕

## 2 新憲法・教育基本法下の歴史教育

### (1) 冷戦体制下の歴史教育

#### ①戦後改革で歴史教育はどう変わったか？

　1945（昭20）年8月15日、日本の敗戦とともに、今までの皇国史観に基づく歴史教育は終焉を迎えた。9月に授業は再開されたが、青空教室、墨塗り教科書、天皇の神格化から民主主義への突然の価値観の転換など未曾有の混乱となった。文部省は9月に「新日本建設の教育方針」を出したが、軍国主義を反省しながらも、教育勅語体制の維持をめざす混乱ぶりであった。

　翌10月にマッカーサーは、「五大改革指令」で教育の民主化の方針を打ち出した。GHQはそれに基づき、軍国主義的・国家主義的な教育を禁止する方針のもとに、「修身」「国史」「地理」の授業の全面禁止と教科書の回収を断行した。文部省も「公民刷新委員会」を発足させ、政治・経済・社会・文化・歴史の総合的教科を構想し、社会生活に基礎をおき、児童・生徒の経験・興味・自主性を尊重し、合理的・科学的思考を養う、新しい公民教育について審議を開始した。

　翌1946（昭21）年春、アメリカから第一次教育使節団が来日し、軍国主義・国家主義教育を批判し、個人の価値と尊厳の重視、中央集権的な教育行政の否定、教科書の自由発行・自由採択、そして social studies の創設などを提案した。戦後の社会科教育はこのような内外の提案をもとに発足したのである。9月には小学生用に『くにのあゆみ』が、10月には中学生用に『日本の歴史』が編集され、同時に日本歴史の授業が再開された。

　1947（昭22）年春には学習指導要領（試案）が作成され、9月から社会科の授業が始まった。その特徴としては、①高1までは一般社会科として、歴史も含めた融合科目、高2から分科社会科として日本史・東洋史・西洋史・人文地理・時事問題がおかれた。②子供の経験をもとにした問題解決学習を単元学習で行なうなど、社会科は民主主義を学ぶ教科とされた。高校歴

史の分野では、翌48年に「西洋史」「東洋史」が「世界史」として一本化されたのも、新しい試みであった。51年に学習指導要領が改訂されたが、基本線は変わっていない。

『学習指導要領　社会科編』(51年版)のまえがきには、「社会科という教科は、現代社会を理解させるとともに、民主的社会人として望ましい態度・能力・技能などを育成することを目的とした教科……」「歴史教育は、現代社会の理解のために、常に現実の社会生活に立脚しながら、過去の社会にさかのぼり……、民主的社会の進展に寄与する有能な社会人を育成しようとするものである」と目的が述べられ、学習の工夫として「歴史的思考力を養成するという方向、……生徒自身が、自分を含めた社会の中に存在する問題を、みずからの力によって理解し、解決する能力を育成するための学習」を薦め、「現在の教科書は、生徒が問題解決の学習のため、各自必要に応じて使用するものである」としているなど画期的な特徴を持っていた。

ただ、当初の手探りの混乱期を乗り越えたあと、50年代に入ると、「問題解決学習か、系統学習か」の教育方法論をめぐる対立、文部省による道徳教育の再開の動きなどが始まり、歴史教育では、考古学など歴史研究の成果を教科書に反映させる努力とともに、マルクス主義の発展段階論に補強された三区分法が一般的になっていった。また、新科目の「世界史」では、単に東洋と西洋を合体させただけではなく、世界の歴史を総合的にどうとらえるかが試みられ始めていた。

②歴史教育の転換

1955(昭30)年、前年に教育二法が成立するなど戦後の教育政策が大きく転換する中で、学習指導要領の改訂が行なわれた。歴史教育が系統学習に統一されたのは、この時の改訂であった。しかも、この指導要領では今までの「試案」の文字が消え、法的拘束力を持つとされるようになった。同年日本民主党(当時)のパンフレット『うれうべき教科書の問題』の発行を機に偏向教科書キャンペーンがはられ、社会科では検定不合格教科書が続出した。その結果、戦後民主主義を熱く語る多くの教科書が不合格となり、教科書の

執筆を断念する研究者も続出した。その後も続く教科書検定の強化の中で、家永三郎執筆の高校日本史教科書も、63（昭38）年に不合格処分を受けた。その際の修正要求として、「本土空襲」「原爆投下後の広島」という戦争写真を暗すぎると指摘され、「無謀な戦争」の「無謀な」の削除、「基地」の「施設」への書き換えなどが強制されたことに対し、教科書検定は憲法・教育基本法違反として、65年に第一次教科書訴訟を起こした。彼の教科書は歴史研究の成果を取り入れ、研究者としての良心をもって執筆したものであり、国家による教育内容への介入は許されないとして、文部行政に全面的に対決する姿勢を示した。さらに、67（昭42）年の検定でも、「歴史をささえる人々」、古事記・日本書紀に関する記述、日ソ中立条約に関する記述などに対する不合格処分に対する取り消しを求める第二次訴訟を起こした。この第二次訴訟では、東京地裁の杉本判決（70年）をめぐって、教育権は国家にあるのか、教科書検定は是か非かなど、国民的関心を呼んだ。

### (2) 今日における歴史教育の課題

#### ① 「侵略、進出」問題と第三の教育改革

家永教科書裁判が国民の関心を高め、文部省も検定に慎重な態度をとらざるを得なくなっていた1970年代の後半、社会科をめぐり、新たな問題が進行していた。78（昭53）年に学習指導要領の第5次改訂が行なわれ、高校社会科に「現代社会」が登場した。この新しい教科書の検定をめぐって、79年末から81年春にかけて、自民党、財界、一部のマスコミ・学者を中心に第二次の教科書攻撃のキャンペーンが行なわれたのである。文部省は、政府にとって都合の悪い部分を「削る検定」から、政府の政策を「書かせる検定」へと転換した。テレビ・新聞というマスメディアを使ってのすさまじい教科書攻撃に対し、教科書出版社も自主規制に乗り出し、81年の四分の一改訂を全面改訂とし、文部省の攻勢を受け入れた。

この頃、「現代社会」から一年遅れて歴史教科書に対する検定が行なわれていた。文部省は「現代社会」での成功に自信を持ち、歴史教科書でも「書かせる検定」路線を踏襲し、その結果は82（昭57）年6月に公表された。

この時の検定で、中国・東南アジアへの「侵略」を「進出」と書き改めさせたか否かについて、執筆者の間で大きな問題となり、韓国・中国など近隣諸国からの抗議も相次いだ。このときの検定は文部省側の指示もあったが、出版社側の自主規制も行なわれており、文部省は検定は見直さない、内政干渉であると修正を拒否した。それに対し、外務省・内閣官房中心に外交関係への配慮から、検定見直し論が台頭し、宮沢官房長官談話という形で「政府の責任において是正する」とし、外交決着をはかり、その結果、歴史教科書の執筆注意事項として「近隣諸国条項」が加えられ、今日に至っている。

文部省は四分の一改訂で対応したが、歴史研究者・歴史教育者は歴史教科書執筆者懇談会を組織し、歴史研究の成果を教科書に反映させる努力が粘り強く行なわれた結果、80年代の日本史教科書記述には、アジア・太平洋戦争における加害の事実についても、積極的な記述が増え始めた。

しかし、一方では、中国に関しては「侵略」を「進出」と書き換えた教科書はなく、サンケイ新聞を中心に、朝日新聞の誤報であるとのキャンペーンが張られ、宮沢談話・近隣諸国条項の撤廃を求める運動が「日本を守る国民会議」、一部のマスコミを中心に繰り広げられた。1984（昭59）年に入ると、これらの動きは、新しい高校の日本史教科書の編纂に向かい、86年に『新編日本史』として、多くの検定による修正を受けながらも特別の配慮で検定を通過した。同年、中曽根首相は第三の教育改革をめざすとし、臨時教育審議会の設置を決めた。

これらの動きに対して、家永三郎は80年代検定を対象に第三次教科書訴訟（条件付合格の際の修正要求に対する損害賠償訴訟）を起こし、後に部分的ではあるが勝訴した。以上のように、80年代は歴史教科書をめぐる対立が激化し、歴史認識や戦争責任の問題をめぐって、全国各地でホットな議論がたたかわされた。

②冷戦体制の終結と歴史教育

1980年代後半の世界は、レーガン・サッチャー・中曽根らの指導者により、自由主義陣営内の対立をはらみながらも、「強いアメリカ」の再建に象

徴される強権的な国民国家の再編成、日本では「戦後政治の総決算」の路線が進行していた。これは、一方において、ゴルバチョフによるペレストロイカに始まる社会主義体制の動揺を背景としており、特に1989（昭64・平元）年には、日本では長かった昭和の時代が終わり、世界でも東欧における諸革命、中国における天安門事件等々が相次いで起こった。引き続きソ連邦の解体、東西ドイツの統一など、戦後45年にわたり政治・経済のみならず、あらゆる分野に強大な影響を及ぼしてきた冷戦体制が崩壊する出発点でもあった。

　一方、この頃、教育界でも大きな変化の時代を迎えていた。1984（昭59）年に発足した第二次中曽根内閣の下で、「戦後政治の総決算」の教育版と言われた臨時教育審議会の数次にわたる答申が出され、「第三の教育改革」として現在に至るまでの教育の基本軸を設定した。1986年の臨教審の第2次答申では、小学校1、2年における生活科の設置と、高校における社会科を解体して地理歴史科と公民科の設置を答申した。また、学校教育現場における国旗・国歌の扱いなど、首相直属の諮問機関として大きな役割を果たしたのである。そのような中で、89年に学習指導要領の第6次の改訂が行なわれたが、冷戦体制が崩れつつあったにも拘らず、米ソ対立を基軸とした指導要領である、という限界性を持っていた。この改訂の社会科としての特徴は、国際化の時代を反映し、高校では世界史を必修とし、近現代史中心の「世界史A」を新設した。しかし、戦後改革の中で、教育の民主化の中心となってきた社会科は、小学校低学年では「生活科」、高校では「地理歴史科」「公民科」に再編され、社会全体を時系列と横のつながりでもって総合的にとらえようとする戦後社会科は、50年でその使命を閉じたのであった。

　1990年代に入り、冷戦体制の崩壊が決定的となり、湾岸戦争などの新しい局面に直面し、生徒の歴史への関心は高まったが、冷戦体制的な戦後世界のとらえ方に代わる新しい歴史認識の形成はなかなか進まず、一種の混迷状態に陥っていた。その頃、藤岡信勝らにより、子供たちに元気を出させ、いかに授業に惹きつけるか、というディベートなどを用いた授業方法論の試みが盛んとなり、その一方で、強制連行や慰安婦などの被害者による損害補償

を要求する訴訟が開始され、加害の叙述の増加、特に従軍慰安婦の記述が中学校の歴史教科書に登場するようになった。他方、加害の事実などを強調する授業の限界も指摘され始めていた。

1993～4年になると、藤岡らは、日本軍の加害行為を記述するような今までの"自虐的"な教科書ではだめで、日本人であることに誇りを持たせる教科書が必要であると説き始めた。95年には「自由主義史観研究会」をつくり、義務教育段階での"国民教育"に影響を及ぼすため、翌年「新しい歴史教科書をつくる会」を発足させ、中学校歴史教科書の編集を試み始めた。その趣意書は次のように述べている。

「戦後の歴史教育は、日本人が受けつぐべき文化と伝統を忘れ、日本人の誇りを失わせるものでした。特に近現代史において、日本人は子々孫々まで謝罪し続けることを運命づけられた罪人の如くにあつかわれています。……私たちのつくる教科書は、私たちの祖先の活躍に心躍らせ、失敗の歴史にも目を向け、その苦楽を追体験できる、日本人の物語です。……」

「つくる会」の歴史教科書と公民教科書は、教科書検定で多くの修正を受けながらも、ともかく検定を通過し、採択数は少ないが、公立の中高一貫校や障害児学校などで採用され始めている。

この教科書をめぐり、多くの歴史研究者・教育者から、また中国・韓国など近隣諸国から批判が出されているが、論点はかみ合っていない。歴史教育とは、自国を愛し、自国を守れる人材育成のため、自国中心の誇れる物語を教えることなのか？　それとも、戦前の極端な国家主義を反省した"初期社会科"の理想にプラスして、歴史学の成果をできるだけ反映し、人類の到達した自由、人権、民主主義、平和、反植民地主義など"普遍的な価値"に近いものを理想とし、自国をそして自分自身を相対化できる"歴史を見る目"を養うのか、という歴史教育の姿勢そのものが問題とされている。すなわち、歴史教育は"初期社会科"の時代の「民主的社会の進展に寄与し、……歴史的思考力を養成する」という歴史教育のあり方と、「つくる会」的なナショナルな価値観を重視する立場の間で、現場の教師自身が歴史をどうとらえ、教えていくのかが、真剣に問われているといえよう。

また、1989（平元）年の学習指導要領の第6次改訂で2単位の近現代史中心の「日本史Ａ」「世界史Ａ」の教科書が登場したが、どの学校でも何を、どのように教えるか苦労しており、さらに、99（平11）年の第7次改訂では、学校五日制に伴う時間数の削減、授業内容の精選という方向性が出され、授業時間の削減は加速された。指導要領で"新しい学力観"が提唱される中で、暗記中心の講義型授業の限界をいかに克服するか、週2時間の授業で何を考え、何を伝えられるのか、また全体的にも時間数削減の中で、生徒の知的な関心が減退し、"歴史離れ"が進行する中で、歴史教育をめぐる現場教師の実践への努力と苦悩は続いているといえよう。

〔松本通孝〕

# 3　教育行政と教科教育

　地理歴史科の内容はしばしば政治や社会の議論の焦点になる。教科の授業もさまざまな法制の仕組みに位置づけられているので、教育行政の作用を不断に受けている。それは現実の授業ともしばしば摩擦を引き起こす。これを越えて授業を進めるにも、教育行政と教科教育の関係の理解が必要である。

## (1) 憲法・教育基本法がめざすものは……

　かつての大日本帝国憲法には教育についての条文はなく、天皇の発布した「教育ニ関スル勅語」が教育の目的と臣民の生き方を示し、学校の制度はこれに基づいて議会の関与を許さず、勅令によって定めた。すなわち、教育権は天皇の国家にあった。これに対して、日本国憲法は国民の「教育を受ける権利」と、保護者が「子女に普通教育を受けさせる義務」とを明記した。憲法第二十六条は次のように記す。

第二十六条　すべて国民は、法律の定めるところにより、その能力に応じて、ひとしく教育を受ける権利を有する。
　　②　すべて国民は、法律の定めるところにより、その保護する子女に普通教育を受けさせる義務を負う。義務教育は、これを無償とする。

　受ける権利としての教育は国家が国民の価値観を支配する手段となってはならない。他方、第一項はその権利の保証を「法律の定めるところによる」と記す。教育には必ずめざすものがある。法律は教育のめざすものをどこまで定められるのだろうか。教育が自立した人格をめざすものならば、自主的な判断に困難をもたらすような刷り込みは許されないだろう。自立した個人が憲法に記す基本的権利によって守られるものならば、それを尊重すること

が基本となるだろう。

　憲法の保障する諸権利の中で、教育においてとりわけ第十四条（法の下の平等）、第十九条（思想及び良心の自由の不可侵）、第二十条（信教の自由・政教分離・国による宗教教育などのすべての宗教活動の禁止）、第二十一条（表現の自由・検閲の禁止）、第二十二条（居住・移転・職業選択・国籍離脱の自由）、第二十三条（学問の自由）が重要である。

　教育のこのようなありかたを法律として定めたのが教育基本法である。全11条から成り、教育の根本法としての内容を持つが、他の教育法律に対する優位の有無には諸説がある。最高裁大法廷判例（1976年学テ旭川事件）は他の法律に対する法的な優越を否定するが、他の教育法律の解釈・運用の基準となり、他の法律が基本法の原則に沿うようにめざされるものとする。

　ここでは、第一条と第十条を見ておこう。

第一条　教育は、人格の完成をめざし、平和的な国家及び社会の形成者として、真理と正義を愛し、個人の価値をたっとび、勤労と責任を重んじ、自主的精神に充ちた心身ともに健康な国民の育成を期して行われなければならない。

　第一条は教育の目的を「人格の完成」に置き、その内容を「真理と正義を愛し」から「自主的精神に充ちた」までのことを充たす「心身ともに健康な国民」の育成を「期して行う」と表現し、それ以上の価値観を求めない。そこから先は主権者でもある「人格」が判断することなのである。

第十条　教育は、不当な支配に服することなく、国民全体に対し直接に責任を負って行われるべきものである。
　　②　教育行政は、この自覚のもとに、教育の目的を遂行するに必要な諸条件の整備を目標として行われなければならない。

　第十条の解釈には争点が多い。かつて、行政解釈は国民全体の教育意志と

して法律で公教育の内容・方法を定めることができ、教育行政機関に授権できる（国家教育権説）と主張し、対抗する側は、国は教育の内容・方法に介入できず、こども・親・教師を中心とする国民全体に教育権が在り、教師は国民全体に直接責任を負う（国民教育権説）と主張した。前述の最高裁大法廷判決は両者をともに極端で一方的であると斥け、「不当な支配」は教育行政にも適用があるが、許容される目的のために必要かつ合理的な範囲で国は教育の内容及び方法について教育政策を樹立し、実施する権能を持つと判示した。許容される目的や必要かつ合理的な範囲の内容が問われるのである。

(2) 教科・科目を定めている法令は……

教科「地理歴史」とその科目「日本史Ａ」「日本史Ｂ」「世界史Ａ」「世界史Ｂ」「地理Ａ」「地理Ｂ」の目的や内容は国家が決めている。それは法の根拠があるとされている。法には憲法・法律・命令（政令・省令・規則など）という上位・下位の序列がある。下位の法は上位の法に基づき、上位の法に反しないのが原則である。教科・科目の具体的な内容を定める規定はその末端にあるが、法の序列の中でどのように位置づけられているのかをみよう（条文は平成十七年現在）。

学校制度を定める法律は「学校教育法」で、第四章を高等学校、第四章の二を中等教育学校にあてる。以下、高校について見る。高校の「学科及び教科に関する事項は」「文部科学大臣がこれを定める」（43条）とする。

学校教育法の施行の細目を定めた省令が「学校教育法施行規則」である。第四章が高等学校である。法43条を受け、高校の教育課程を「別表第三に定める各教科に属する科目、特別活動及び総合的な学習の時間によって編成する」（57条）と定めている。この「別表第三」に、教科「地理歴史」とこれに属する6科目が記され、法的な根拠となっている。また、教育課程の基準は文部科学大臣が「高等学校学習指導要領」で公示するとしている（同条2項）。はじめは法令に記載のなかった学習指導要領を同項によって法定として強制力の根拠とした。同項に基づいて平成11年に公示された「高等学校学習指導要領」は「第一章　総則」で「各教科・科目及び単位数等」を掲げ、

ここに「地理歴史」の科目ごとの単位数も記している。第二章が各教科の基準であり、第二節「地理歴史」の第一款に「地理歴史」の「目標」を、第二款に各科目の目標、内容、及び内容の取り扱いを記し、各科目を詳細に定めている。

学習指導要領がどこまで拘束力を持つのか、ずっと争点になってきた。前掲学テ旭川事件最高裁大法廷判例（1976）は、（当時の）学習指導要領は「大綱的基準」の性格を持ち、一方的な強制は現実にないとみて適法と判断した。その後、小法廷の合憲判決があるが、大法廷のように状況の検討を示していない。以後に大法廷判例はないので、学習指導要領の詳細な記述のどこまでが「教育課程の基準」といえるのか、今後も争われるだろう。

(3) 教科書の検定は……

学校教育法は高等学校に検定を経た教科用図書の使用を義務付け、検定の調査審議にあたる審議会を政令で定めるとする（21条の準用51条）。これにより、「教科用図書検定調査審議会」が「教科用図書検定規則」の定める手続きにより、「高等学校教科用図書検定基準」に基づいて検定する。検定基準には各教科共通の条件と固有の条件があるが、学習指導要領の示す事項を「不足なく取り上げ」「不必要なものを取り上げていない」ことを基本とする。近年に、趣旨を逸脱せず、生徒の負担にならない範囲で、示していない事項の記載を許すようになった。地理歴史分野では社会科時代から検定の修正意見や不合格処分を違憲あるいは違法とみる批判が続いている。「客観的かつ公正かどうか」を国家が判断することへの疑問は強い。

> かつて、日本史教科書の著者家永三郎は検定による不合格や条件付合格の処分に対して、3回にわたり精神的損害賠償や処分取り消しを求め、32年間訴え続けた。結果は敗訴・敗訴（訴えの利益なし）・一部勝訴であったが、第二次訴訟では一審、二審が勝訴となって法理を深める契機となり、第三次訴訟の最高裁判決は検定制度とその適用自体は合憲・合法だが、文部大臣の裁量権に一部違法があると判示した。この後、規則は一部修正された。

(4) 行政による統制を徹底させる仕組みは……

　教育行政が学校と接する場面の中心を担うのが地方公共団体の教育委員会である。「地方教育行政の組織及び運営に関する法律」がその組織と運営を定める。教育委員は首長が任命し、その一人が教育長となって事務を掌る。委員会の権限（23条）の中に「教育課程、学習指導」「教科書その他教材の取り扱い」を含み、委員会は規則制定権を持つ（14条）。委員会は権限の一部を教育長に委任・代行させることができる。他の教育委員は有識者の兼任である場合が多いので、実質的に教育長任せになることが多い。

　同法は文部科学大臣が都道府県または市町村に対し、都道府県委員会が市町村に対し、「必要な指導、助言、又は援助を行うことができる」（旧規定では「行うものとする」）としている（48条）。その内容は教育課程、学習指導、教科書その他の教材の取り扱いを含む（同条2項）。指導・助言・援助を受けた施策は教育委員会の独立した権限の行使とされるが、財政上の影響力を背景に文部科学省の意図を徹底させる効果を持つ。かつて文部省は都道府県教育長人事の承認権を持っていたので、統制感覚はいまも根強い。

　公立学校の場合、設置者である教育委員会は人事権（34条）や「法令又は条例に違反しない限度において」管理運営権を持つ（33条）ので、教科教育への影響も大きい。教育と行政の境界がもっとも不明瞭な領域で、教育基本法や学校教育法に「違反しない限度」の認識が明確でない。

(5) 教育行政に参画しているのは……

　教育行政には大臣の諮問を受けて審議をする審議会が参画する。高校社会科の地歴科と公民科への分割（1994実施）は当時の文部省の教育課程審議会答申（1987）を経ている。文部科学省になって審議会を統合し、省の組織令で三つの審議会を設置した。それぞれ、文部科学大臣が任命した委員・専門委員・臨時委員が諮問事項を審議する。

　中央教育審議会は教育全般にわたる。旧制では大臣官房所管であったが、生涯学習重視により生涯学習政策局所管となった。平成17年2月任命の中

| 文部科学省組織令に基づく審議会<br>（法律に基づく審議会を含まない） | | 文部省旧審議会 |
|---|---|---|
| 中央教育審議会 | 教育制度分科会 | 中央教育審議会 |
| | 生涯学習分科会 | 生涯学習審議会 |
| | 初等中等教育分科会 | 理科教育及び産業教育審議会 |
| | 　教育課程・教員養成・教育行 | 教育課程審議会 |
| | 　財政・幼児教育・特別支援教 | 教育職員養成審議会 |
| | 　育の各部会 | |
| | 大学　分科会 | 大学　審議会 |
| | スポーツ・青少年分科会 | 保健体育審議会 |
| 教科用図書検定調査審議会 | | 教科用図書検定調査審議会 |
| 大学設置・学校法人審議会 | | 大学設置・学校法人　審議会 |

央教育審議会委員28名のうち大学関係15名、企業関係4名だが、小・中・高の関係者は合わせて校長が3名である。

　中央教育審議会の下に教育制度分科会などの分科会がある。初等中等教育局所管の初等中等教育分科会もその一つであり、その下に部会を持つ。教科との関係が特に深いのが教育課程部会である。教育課程部会は教育課程全体だけでなく、教科ごとに専門部会を置いて、学習指導要領の作成に関わる。社会・地理歴史・公民専門部会の専門委員21名には大学関係者が多くを占め、小・中・高は各1名（校長か教頭）である。教員の識見が軽視され、学校の意見が反映されにくい仕組みである。教員養成部会の審議も教職免許の要件などで教科との関係がある。

　審議会のどのレベルの審議でも、各委員は個人として発言する。任命された少数の委員で反映できる立場は限られている。各委員の発言が審議にどの程度受け止められるのか、実態はわからない。

### (6) 教育の目的・目標を比べてみると……

　ここまで述べてきた教育行政の現実は上位の法に基づいて下位の法で具体化していくという、本来の法秩序を形成しているのだろうか。教育の目的・目標で検討しよう。まず、学校教育法が高等学校で達成に努めなければなら

ないとする三つの目標（43条）を見よう。教育基本法第一条と比べてほしい。

一　中学校における教育の成果をさらに発展拡充させて、国家及び社会の有為な形成者としての資質を養うこと。
二　社会において果たさなければならない使命の自覚に基き、個性に応じて将来の進路を決定させ、一般的な教養を高め、専門的な技能に習熟させること。
三　社会について、広く深い理解と健全な批判力を養い、個性の確立に努めること。

　基本法第一条が教育を実施する側のめざすべき目的を記すのに対し、上の目標は「……養うこと」や「……させること」のように、生徒に何かをさせる規定であり、生徒を受身の存在としている。基本法が「真理と正義」という普遍的な価値から語り始めるのに対して、上の「二」では「使命」が存在することが自明であるかのように、その「自覚」を持つことを前提としている。
　「高等学校学習指導要領」に記す「地理歴史」の「目標」はどうか。

　　我が国及び世界の形成の歴史的過程と生活・文化の地域的特色についての理解と認識を深め、国際社会に主体的に生きる民主的、平和的な国家・社会の一員として必要な自覚と資質を養う。

　「理解と認識を深め」という表現は、すでに出来上がっている知識やその意義を学ぶ印象を与える。基本法が「平和的な国家及び社会の形成者」としての育成を期して明記するのは、「真理と正義を愛し」から「自主的精神に充ちた」まで、開いた可能性を持つ自立したあり方なのだが、上の「目標」はめざしている「自覚や資質」そのものを「国家・社会の一員として必要な」ことに限定していて、何が「必要」かを問うことには触れない。「国際社会に主体的に生きる」のも「国家・社会の一員として」と読める。
　三つの目的・目標を比べると、法律や命令は憲法や教育基本法を具現化す

るのではなく、異質の目的を持ち込んで変質させている。教科書の検定や行政の助言は「高等学校学習指導要領」よりもさらに細部にわたることなので、現実は下位の法規や行政の意志による影響が強い。上位の法の尊重を求めるのは自然なのである。

**参考文献**

教育六法編修委員会編『解説　教育六法』(三省堂　各年版)
日本教育法学会編『日本教育法学会年報』(有斐閣　各年発行)
国立教育政策研究所データベース『過去の学習指導要領』
　　http://www.nicer.go.jp/guideline/old/

**追記**

　本稿の本文でいう「教育基本法」は昭和22年3月31日法律第25号のものを指す。2006 (平成18) 年4月、政府は第164回国会に新たな「教育基本法案」を提出。民主党も対案「日本国教育基本法案」を提出した。両案に違いはあるが、いずれも本稿で述べた教育基本法とは性格や内容が大きく異なる。第165回臨時国会は平成18年12月15日に「教育基本法案」を可決し、同月22日に平成18年法律第125号として公布された。それらの内容及び審議については、読者ご自身で確認されるように願っている。

　資料の所在　廃止された法令「法庫」　http://www.houko.com/index.shtml
　　　　　　　現に施行されている法令　http://law.e-gov.go.jp/
　　　　　　　文部科学省「教育基本法について」
　　　　　　　　　　　　http://www.mext.go.jp/b_menu/kihon/houan.htm
　　　　　　　日本教育学会教育基本法研究特別委員会　http://www.kyokiho.org/
　　　　　　　日本弁護士連合会「教育基本法『改正』法案に関する弁護士会長声明・意見書等」2006. 12. 11.
　　　　　　　　　　http://www.nichibenren.or.jp/ja/special_theme/education_statement.html

〔村瀬克己〕

# ［7］ 外国の歴史教育

## 1……考えさせる歴史教育 ── イングランドの場合

### (1) 英国に留学した高校生の訴え

　何年か前、新聞に英国に留学した高校生の投書が載った。「日本史の試験勉強中に私は悔しくなった。中学、高校と、勉強してきたが、テストを受けてきても、自分の能力を正確に試されたとは思わない」という書き出しである。英国に9カ月留学していた際にチューダー王朝の歴史の授業をとったが、そのテストは「ヘンリー8世がローマカトリック教会と離れた理由をあげて、詳しく述べよ」という、「1カ月の時間が与えられた論文だった」。投稿者は「生徒の質が低いと見て欲しくない」と訴え、「教育はその国の文化を映し出している。私はもう一度、イギリスで教育を受けたい」と記している（高梨千尋「歴史テストで日英の差知る」朝日新聞2002年11月13日「声」欄）。

　これを受けて、在英中の別の高校生の投書があり、次の夏に受ける GCSE というテストでは「コースワークと呼ばれる長期で取り組んだ課題の評価点と、最終試験の評価点を配合したものが最終評価となります」と説明、「生徒の能力をさまざまな面から判定しようとする仕組みには、私も賛成します」と述べ、受けた歴史の模擬試験で、三つの資料から数問、それぞれ解答欄は1ページ分の論述だったことを報告している（吉田比奈子「徹夜通じない英の歴史試験」朝日新聞2002年11月25日「声」欄）。

　二人は日本とはまったく異なる課題やテストの紹介を通して、イギリスの歴史の授業の充実感を伝えたかったのだろう。日本の授業が生徒の質を低く

見ていて、能力を十分に伸ばしていないという思いが読み取れる。

　イギリスの教育というと、市場的な経営と競争を導入して試験尽くめで成果を査定するもので、近年の日本の学校を息苦しくしている行政のモデルという印象が強い。しかし、彼女たちの語るイギリスはそうした側面とは異なる別の魅力を示している。これまでに多くの人が各国の歴史教育を比較して考察してきたが、教材で語られている歴史の内容や視点の比較が中心で、生徒のどのような能力をどう伸ばそうとしているかには注意を十分払ってこなかった。イギリスの試みを現地で先駆的に研究された佐藤正幸氏は、その意図と現実との溝を1996年に「才能のない教師の授業は、授業の体を成しておらず、こどもが惨めであった。そして優秀な教師は決して多くはないのだ。」(「多文化社会における歴史教育」『歴史学研究』683)と記されている。しかし、年月とおそらくは場面の違いがあるのだろうが、投書者の実感も現実である。教室を見ないで授業を判断することはできないが、日本と何がどう異なるのか、そこから何を学べるのか、カリキュラムやテキストの中に彼女たちの思いの源を探ってみよう。

## (2) 義務教育の仕組み

　まず、イギリスの歴史教育がどんな制度の下にあるのかを見ておこう*。

　　* 佐貫浩『イギリスの教育改革と日本』(2002)は近年の政策に詳しく、参考になる。

　教育制度は複雑で、イングランド・ウェールズ・スコットランド・北アイルランドの各地域で異なる。ここではイングランドをとりあげ、2000年のナショナル・カリキュラムに拠って述べよう。イングランドの改革による変化は急速で批判も多いが、各科目の教育内容には制度全体の改革とは別の要因と力も働いていて、科目ごとに特色と問題がある。そのことは「歴史」についてもいえる。

　イングランドの学校の種類は複雑だが、5歳から16歳までの義務教育については、科目の構成や、各科目の目標・内容や評価の方法を校種を超えてナショナル・カリキュラム**で定めている。

　　** http://www.nc.uk.net/

義務教育の全期間は1（5〜7歳）・2（7〜11歳）・3（11〜14歳）・4（14〜16歳）という四つのキー・ステージに分けられるが、カリキュラムは全キー・ステージを一貫して構成され、各科目ごとのプログラム・オブ・スタディーも同様である。同じ内容の繰り返しはない。

さて、義務教育の全期間にわたる学習の達成目標をレベル1〜8及び例外的成績という9段階のレベルに分け、各キー・ステージでめざす目標を数段階の幅を持たせてレベルで示している。その幅は多数の生徒が目指す範囲とその上下の生徒を含む範囲と二重になっている（特殊な条件の生徒は別に考慮）。たとえば、キー・ステージ3終了（14歳相当）までの達成目標は、多数の生徒についてはレベル5〜6の範囲に、大多数の生徒についてはレベル3〜7の範囲にと定めている。各科目のプログラム・オブ・スタディーはその科目の9段階のレベルを生徒が果たす具体的な行為で記述し、各キー・ステージごとに、めざすレベルに応じて学習するプログラムを具体的に記述している。ほかに「コミュニケーション」など、全科目、全キー・ステージで学ぶ「キー・スキル」を定めている。

### (3)「歴史」でめざす学力　レベル6の場合

「歴史」でめざすものをみよう。「歴史」はキー・ステージ1から3まで続けて必修となっている。必修を終える14歳までに多数の生徒が目指すレベル5〜6とはどのようなものだろうか。ここでは「6」の内容を見よう「レベル6」は次のことができるレベルとされる。

- 英国や、より広い世界の歴史の事実の知識や理解を用いて、過去の社会や時代について記述し、時代の中や異なる時代にわたる特徴の間を関連付ける
- 出来事や変化の理由や結果を調べ、説明する
- 出来事や人々や変化に、なぜ異なった歴史の解釈があるのかを記述し、分析を始める
- 各自の知識と理解を活かし、情報のソーシズ sources を確認して評価し、それを用いて批判的に結論に達し、立証する

> ・妥当な情報を選択し、組織し、展開することで、年代と用語を適切に用いながら、組織立った成果を作り出す

　ここで「ソーシズ」とあるのは、歴史の探究に役立つ情報を持つものを、証拠として用いる以前の素材という面から呼んだものである。

　この達成目標は「英国や、より広い世界の歴史」という箇所以外に対象となる歴史の範囲を示していない。目指すものは事実の「知識」自体だけではなく、それを「理解」し、「スキル」を身につけ、発展させることである。

### (4) キー・ステージ3の「歴史」のプログラム

　このような目標を目指して、「歴史」のプログラム・オブ・スタディーは、キー・ステージ3（11歳〜14歳）の学習を次のように構成している。

```
知識・スキル・理解
    年代の理解
    過去の出来事・人々・変化の理解
    歴史の解釈
    歴史の探究
    組織とコミュニケーション
学習の広さ
    ブリテン1066–1500
    ブリテン1500–1750
    ブリテン1750–1900
    1914年以前のヨーロッパから一つの学習
    1900年以前の世界から一つの学習
    1900年以後の世界から一つの学習
```

　ここで、「知識・スキル・理解」は「学習の広さ」よりも先に書かれていて、学習の本体であり、決して「学習の留意事項」などではない。これは法定で全科目に共通している。「知識・スキル・理解」の各項目には、生徒に必ず学ばせる内容を具体的に記す。「歴史の解釈」を例にとろう。

考えさせる歴史教育　　　137

> a　歴史上の出来事、人々、状況あるいは変化は、どのように、かつ、なぜ異なるやりかたで解釈されるのか
> b　異なる解釈を評価すること

もう一例、「歴史の探究」の内容をあげる。

> a　自立した歴史の探究の基礎として、口頭の説明・文書・印刷物・メディア・人工の遺品・絵画・写真・音楽・博物館・建造物・遺跡及び情報通信技術によるソーシズ sources を含む一連の情報の適切なソーシズを特定し選択し、用いること
> b　用いたソーシズを評価し、探究に適した情報を選択して記録し、結論を導くこと

「学習の広さ」については、各項目で取り上げる内容の例 Examples を多数あげているが、出来事・個人から社会の構造や変化まで多岐にわたる。

### (5) 背景にある歴史の考え方

ここまで述べてきた歴史教育の背景には、日本とは異なる歴史の見方がある。日本の学習指導要領や教科書制度では、基本に「客観的で公正な」歴史が存在して、それを教えるという建前を前提としている。これに対してイギリスの歴史教育の前提には、歴史の言明はつねに途上の（provisional）ものであって完結しないという考えがある。実証の限界と、視点による歴史像の違いとを踏まえて、目をいつも見開いていく姿勢であり、生徒を途上のものに閉じ込めないために、探究の過程を重んじるのである。

### (6) GCSE

イングランドでは、キー・ステージ2及び3の終わりに公定の試験があり、キー・ステージ4を終えて、GCSE（General Certificate of Secondary Education）*** を受けると義務教育終了の学力が認定される。GCSEや後述するAS/Aなどの資格試験は法定の機関QCA（Qualifications and Curriculum

Authority）が規準を定め、その承認を得た三つの団体が実施している。

　\*\*\* GCSE 及び後述の GCE の情報は次による。http://www.qca.org.uk/

　その一つ OCR\*\*\*\* は「歴史」に全・短各数種類の試験を設け、範囲と詳細なシラバスを事前に発表している。たとえば、'Modern World' は国際関係2時間（core 2 と depth 1 の3セクションで配点45％）、ブリテン史1時間半（depth 1、史料に基づいた主題の研究で配点30％）及び内部評価（コースワークの宿題2で配点25％）といった具合で、それぞれに詳しい説明がつく。受験準備とは提示された主題を深めることなのである。配点の2～4割を史料の批判的利用や多様な解釈・表現の問題に当てる規準がある。

　\*\*\*\* http://www.ocr.org.uk/

　イギリスには義務教育でも、後期中等教育でも教科書という制度がなく、テキストをどのように用いるかは自由である。詳しい時代史やシラバスに取り上げられたテーマの歴史、見方やソーシズを比較して考えさせる受験用の演習書などが出版されている。同じテキストで GCSE にも大学進学準備にも用いられるものもあり、400～600頁に及ぶ「現代史」もある。

### (7)　シクスス・フォームと GCE の A レベル

　義務教育を終えて大学や高等教育カレッジの受験を目指す者は準備のためのシクスス・フォームに進むが、大学進学者は日本やアメリカと比べるとまだ少ない。大学などの高等教育進学の学力は GCE（General Certificate of Education）の A（Advanced）レベルとよぶ試験で認定される。これはシクスス・フォーム1年目の AS（A. Subsidiary）と2年目の A2 の2段階から成る。A2 にパスして A レベルとなるが、多くの科目を選択できるように AS レベルだけの認定もできるようになった。評価は内部評価を30％まで、試験を70％以上の比率で総合する。AS/A 両レベルの基準が実質的にシクスス・フォームの各科目の目標・内容を定めている。「歴史」の内容は両レベルとも「知識・理解」と「スキル」から成るが、GCSE の基礎の上に、より専門的な成果を学ぶ内容である。「知識・理解」では「概念の理解」や「実証的な判断に基づく説明」を重視し、「スキル」は複数のソースの批判的な活用や、解釈

についての説明・判断など、3〜4割の比率を充てる。

「知識・理解」の問題を現代史 Modern World の例でみよう。

> 「1930–33年の時期のナチスの台頭は1929年に始まった経済危機の衝撃にどのように影響されたか。」(AS)
> 「ファシストの1924–36年の国内政策について、"1936年までは、ムッソリーニの成果は失敗を上回る"という判断にはどの程度根拠があるか」(A2)

こうした試験に備えるために、1年目は試験科目の概説を、2年目はシラバスのテーマをというように勉強する。テキストにも『ヒトラーとナチス・ドイツ』とか、『ファシズムとムッソリーニ』といった、テーマを詳述したものが多数出版されている。

### (8) 終わりに

ここまでの検討でも、日本と違うさまざまな点が見えている。しかし、何よりも、学ぶ力への信頼がまるで違う。やはり、日本では「生徒の質が低いと見て」いたことになるのだろうか。

本稿は05年夏までの情報に拠る。

〔村瀬克己〕

## 2　韓国の歴史教育

### (1)　はじめに

　韓国の歴史教育について考えるとき、いつも思い出すことがある。数年前の「国史」教科書には、壬辰倭乱（文禄の役）のとき「わが民族は身分の貴賤や老若男女を問わず……自発的な戦闘意識を持っていた。こうした精神力が……倭軍を撃退させる力になった」という記述があった。「貴賤や老若男女を問わずというのは、あまりにも誇張した表現ではないか？　どんな史料に依拠しているのか？」と問うたところ、韓国のある教師は、「史料はなくても、こういう風に教えることが、いまのわが国には必要なのです」と答えたのだった。

　また、日韓の高校生同士でレポート交換をおこなったとき、韓国側には「文化的にはるかに優秀なわが国が……」という"文化的優越感"が強く見られた。生徒たちがそう思っているのは、たとえば古代では「三国時代（高句麗・百済・新羅の三国）にわが国の移民が日本列島に渡って、先進技術と文化を伝え、大和政権を誕生させ……」とあり、また通信使に関して「先進文物を受け入れるために、……（日本は国交再開を）朝鮮に懇請した」というような記述が、教科書にくり返し出てくるためだろう。

　「史料がなくてもいい」というのにも驚いたが、民族の一致団結と日本に対する文化の優越性を強調するのは、韓国の歴史的条件がそれを必要としているからだろうか。

### (2)　教育課程の推移

　韓国の教育課程は、日本の学習指導要領にあたる。第一次教育課程制定は、朝鮮戦争の停戦協定締結後の1955年だった。「国史」においては、現政権の正当化、共産主義の克服と南北統一がねらいとされ、批判的思考や合理的解釈は重視されなかった。'60年の李承晩独裁体制を打破した四月革命を経て、

朴正熙による第三共和国成立後の第二次教育課程では、日本が朝鮮支配を合理化するために主張した、近世の朝鮮は遅れた状態で停滞していたという"植民地史観"を克服するために、経済史や文化史も視野に入れた民族主体史観が重視され、高校では「国史」6時間が必須であった。'73年の第三次教育課程では、「国史」は社会科から離れて独立科目となり、大学の教養科目でも必須とされた。

'80年、前年の朴大統領暗殺後に権力を掌握した全斗煥に対する大規模な抵抗運動（光州民主化運動）が起こると、下からの民主化要求に対抗するために、上からの国民精神教育強化が叫ばれた。在野史学者らを中心に国粋主義的教科書編纂の要求が起こって、論議は国会にも持ち込まれた。さらに'82年の日本の歴史教科書歪曲問題、'86年の『新編日本史』検定通過を追い風にして、右派勢力の力が強まった。盧泰愚大統領時代の'90年に作られた第五次教育課程用教科書には、檀君（古朝鮮を建国したという伝説上の人物）を歴史的事実の反映とする、日本への文化伝播を明記する、開国前の朝鮮内部に近代化への内在的要因があったとする、光復（1945年の植民地支配からの解放）以後の政治は肯定的に描く、などの条項が取り入れられた。

一方、民主化運動が高まった'80年代には、日本の右翼的民族主義とともに韓国自身の民族主義を憂える、あるいは日本の歴史学者との交流をはじめる動きが生まれた。'89年に結成された全国教職員労働組合や「歴史教育のための教師の会」などから、権威主義的・暗記式・注入式教育への批判が起こった。また、教科書は支配層中心の反民衆的史観であり、民族主体史観という皮をかぶった国粋主義であるという批判や何よりも教科書が国定であることへの批判も出て、'90年代にはこれらの論議はいっそう盛んになった。

2002年から実施されている高等学校の第七次教育課程を見ると、国語・道徳・社会・数学・科学・体育・英語などの「国民共通基本教科」と「一般選択科目」・「深化選択科目」がある。「国史」は「国民共通基本教科」の社会に含まれ、高校1年で週2時間の必須科目とされている。「国史」の内容は前近代部分までで、「韓国近・現代史」は「世界史」とともにそれぞれ4時間の「深化選択科目」となった。選択は学校単位でなされるため、理系や

実業系高校などでは選択されない場合が多い。近現代史を学ばなくてもいいのかという懸念の声は、そのころ起こった日本の『新しい歴史教科書』問題に後押しされて、「国史」には急遽近現代部分が簡単に追加されることになった。(2004年現在、高校の約85％が「韓国近・現代史」を選択しているが、生徒数で見ると、学んでいる生徒は25％程度にとどまっている。)「韓国近・現代史」と「世界史」の教科書は検定教科書で、それぞれ数種類ある。

### (3) 「国史」教科書の分析1──前近代史分野

　韓国の歴史教育には、いろいろな面で日本との共通点がある。まず小・中・高と3度にわたって通史をくり返し学ぶこと。第二に自国史と世界史が別々の科目になっており、自国史中心の学習がなされること。また生徒が問題提起を受けて考えるというよりは、生徒に歴史事実を伝達し覚えさせる形であることなどである。

　「国史」教科書は国定である。教科書はとても分厚いために授業で全部を扱うことは難しいが、修学能力試験（日本のセンター試験に該当し、大学進学希望者は全員受験しなければならない）があるので飛ばすこともできず、教師が内容を取捨選択することが不可欠である。多くの場合、文化史と近・現代史は割愛される。

　現行の「国史」教科書は、B5判で435ページ。カラーの図版や写真がふんだんに入っていて美しい。本文に日本のようなゴシック文字はない。

　第1章「韓国史の正しい理解」、第2章「先史時代の文化と国家の形成」からはじまり、第3章から第6章までは政治・経済・社会・文化の分野史別の叙述で、第7章は「近現代史の流れ」となっている。そのため、系統立てた学習ができるものの、たとえば政治の部分では政権を支える経済構造は述べられないので、政権交代の背景が理解しにくく、社会を動かす力が何であるかがわからない。また、各章には最後に「深化課程」として、学力のある生徒に対応するためのレベルの高い課題が出ているが、週2時間の授業でそこまで取り扱う余裕があるのか疑問である。

　次にいくつかの特徴を拾ってみよう。

① 「わが民族の文化の伝統を確認させ、民族史展開に積極的に参与しようとする精神を養うこと」が歴史教育の目的とされているので、「わが民族」「われわれ」「わが文化」ということばがいたる所に見られる。そして「わが先祖は満州と韓半島中心の東北アジアに広く分布し」、「わが民族は古くからひとつの民族単位を形成し」、あるいは文化面で「独特なわれわれの味を感じさせる作品」というように、「韓民族」が原始時代から今の韓民族と同質のものとして存在していたように描かれている。

さらに、10世紀の史書に出てくる檀君について、「その時代の人びとの関心が反映された神話」と述べながらも、「檀君の記録は……古朝鮮の成立という歴史的事実を反映している」として、その建国年代（紀元前2333）を年表にも掲げ、「韓民族」の歴史の古さを強調している。一方で韓半島の青銅器時代は紀元前10世紀にはじまり、その後階級が発生したとあるので、その矛盾は明らかである。ただし、韓半島の南北分断状態、そして分断を克服しようとしている現在において、檀君は南北を超えた「韓民族」のシンボルという面も持っている。教科書の各所に現在北朝鮮に属する遺跡や文化財の写真が多く入っているのも、統一を求める気運の現れであろう。

「古朝鮮」のむかしから韓民族が成立していたという考えは、領土問題にもつながっている。現在、中国政府は高句麗は中国史の一部だという見方をしており、韓国はこれに猛烈に反発している。隋や唐に果敢に抵抗した高句麗は、韓民族の誇りであり、鴨緑江を越えて現在の中国東北地方に広がっていたその領土は、韓民族にとって「わが民族の故地」とされている。韓国では、高句麗が滅びたのち現在の北朝鮮から中国東北地方にかけて成立した渤海も、韓民族の国家だと考えていて、教科書にも北に渤海、南に新羅があった「南北国」時代と表現されている。また、朝鮮時代には中国東北地方に移住する朝鮮人が多く、清との間に国境争いがあったが、1909年に日本と清との間で今のような国境が定められたという記述もある。朝鮮人の移住は、日本の植民地時代にさらに増加した。南北が統一したら、中国に住む朝鮮族の帰属をめぐって、中国との間で国境問題が再燃するか

も知れない。

② 韓国の教科書では、遺跡・遺物・文献資料などに基づいて当時の社会のようすを推察するという方法をとっていない。たとえば三国時代には「中央集権体制が整った」、しかし「地方に対する支配は強力に及ばず」という矛盾した表現があるが、それぞれ具体的な根拠や内容が示されていない。

　そのため、生徒は史料に基づいて自ら考えることができない。経済面でも「農民は……努力し……技術を開発し……耕地を広げ……農業生産力を高め……しかし災害や高利貸によって負担が重く、奴隷になったり流浪したり盗賊になったりした」という記述がくり返し出てくるが、その具体的内容がわからない。為政者に対する記述は一般に甘く、常に民生の安定に努力し、「ある程度成功した」とあるが、どの程度成功したのかわからない。その上、農民の苦難の原因との関係も曖昧である。一部の在野史学者たちは、「文献史学は韓国を無力な国と見ようとする日帝植民地史観の所産であり、現代的価値がない」と主張しており、史料に基づくのではなく、「韓国史」はこうであるべきだという信念に基づいて叙述されているようである。

(4)　国史教科書の分析2——近現代史分野

①日帝植民地史観（自ら近代化する力はなかったという停滞性・常に強大国によって左右されてきたという他律性・派閥をつくって対立し一致団結できないという党派性など）を否定することも重要な目的としているので、近世末期の商品経済の発達が強調され、実学思想・科学技術の発達などはとても素晴らしく描かれている。それだけに、「植民地支配を受けるにいたった原因」の分析が弱いように思える。

②近代に入ると、叙述は簡単になる。日本の侵略過程が淡々と述べられ、国際情勢の説明は一切なく、韓国と日本だけが向き合っている。植民地支配についても、"民族の受難"としてかなり簡単に触れているだけで、抗日運動に多くの紙数を割いて、日本帝国主義の支配に屈せず、独立を目指す闘いが盛んだったことを強調している。抗日運動を素晴らしく描きたい気

持は理解できるが、たとえば議会政治や立憲君主制を唱えた独立協会(1896年結成) の主張が、「広範な社会階層の支持を得た」と書かれていても、実際はその20年後に文盲をなくすためのハングル普及運動が起こっているのだから、一般農民を含む範囲ではなかったはずである。そのため、以後の独立運動の描写にも、かなりの誇張があるのではないかと感じられてくる。また、生きるために日本の支配に妥協せざるを得なかった、多数の人びとの存在は省みられないのか、という疑問も起こる。

③光復後の政治については、四月革命以後の記述はあっさりしており、「政府は当面する問題を解決するために福祉社会の建設と環境保存などに努力している」と、政府はいつも肯定的にとらえられている。経済成長については、背後にあった労働者の抑圧や日本からの資金・技術の導入などには触れていない。(「近現代史」の教科書には両者ともに書かれている。)

④社会史という分野があるものの、内容は身分制度や婚姻形態程度であって、個々の民衆の生きかたや衣食住などに関する記述は少なく、国家・民族単位の叙述になっている。(ちなみに中学の「国史」教科書も国定であるが、内容はほとんど政治史のみである。)

(5) 大学修学能力試験の分析

2004年秋実施の試験問題を見ると、「国史」では、大半が政治関係で占められていて、教科書で力説している近世の商工業関係の問題がなく、文化史や生活史についての出題も少ない。注目されるのは、上述した高句麗が韓国史に帰属することを確認する問題である。

「近・現代史」では、20問中8問が日本と関連している。注目されるのは、「日本の植民地支配が朝鮮の近代化を早め充実させた」という文に反駁する見解として、「朝鮮後期の商品経済の発展は韓国資本主義の発展の基礎となった」を選ばせるというような、朝鮮末期の商品経済発展の度合いと日帝時代の評価に関わる価値判断を問う問題。また、昔から朝鮮が日本に文化を伝えてやったのだという、文化的優越性の問題も出されている。領土問題では、中国東北地方の吉林省間島は韓国の領土である、という問題が出ている。南

北分断や朝鮮戦争など北朝鮮に敵対する出題はまったくなく、南北共同宣言以後の和解への動きのみが出題されている。また光復後の国際関係や文化史・生活史の出題はない。

　大学修学能力試験によって授業が影響を受けるものと考えられるが、出題傾向は非常に政治的であるといえよう。

### (6)　おわりに

　光復後の韓国歴史教育の課題は、日本による植民地支配によって傷ついた民族の自尊心の回復にあり、内には民族の主体性をうたって一体感を高め、外には日本に対する文化的優越性を誇示しようとした。また厳しい冷戦体制下で南北分断状態にあった韓国では、朴正熙や全斗煥による軍事独裁体制がとられたため、国内の民主化運動を抑えるためにも、民族至上主義がうたわれたのであろう。しかし、第7次教科書の執筆には多くの高校教師が加わり、冒頭で述べた「貴賤老若男女を問わず」のような誇張した表現は減少した。韓国の国史教師、田鐘翼氏は、「韓国社会の発展につれて、水面下の問題が一つ二つとあらわれてきている。極端な民族主義や抽象的叙述などの問題も、研究者と教師たちによって絶えず批判されており、遠からず少しずつ解決されていくと思う」と語っている。しかし、韓国の歴史教育は常に日本を意識しているので、日本で独善的な国家中心主義的傾向が高まれば、韓国の民族主義的傾向はなかなか消えないだろう。

#### 参考文献

鄭在貞『韓国と日本──歴史教育の思想』(すずさわ書店　1998年)
坂井俊樹『現代韓国における歴史教育の成立と葛藤』(御茶の水書房　2003年)
田鐘翼『高等学校「国史」教科書の民族主義的傾向に関する分析』(日韓合同授業研究会編　ウリブックレット10　2003年)
田鐘翼『第7次教育課程と国史教科・国史教科書』(日本史教育研究会例会における報告書　2003年)
韓国高等学校「国史」教科書　2004年版

〔波多野淑子〕

# [8] 資料篇

2006年12月成立・公布の「教育基本法」への対応及びインターネットサイトの変更のために、第2刷にあたって資料解説及び該当箇所に訂正を加えた。

## a……………教育の目的に関する基本文書

国際理解、国際協力および国際平和のための教育ならびに
人権および基本的自由についての教育に関する勧告（抜粋）

3　教育は、国際連合憲章、ユネスコ憲章および世界人権宣言とくに同宣言第26条に掲げられた諸目的で満たされるべきである。同宣言第26条2の規定では、「教育は、人格の全面的な発達ならびに人権および基本的自由の尊重の強化を目的としなければならない。教育は、すべての国または人種的もしくは宗教的集団の相互間の理解、寛容および友好関係を促進し、かつ、平和の維持のため、国際連合の活動を促進するものでなければならない。」と述べている。

4　あらゆる人が3にいう諸目的の達成に積極的に貢献することができ、かつ、個人および社会の生活ならびに基本的な権利と自由の行使に影響を及ぼす世界の諸問題を解決するのに必要な国際的な連帯と協力を促進することができるようにするため、次の諸目標は、教育政策の主要な指導原則とみなされるべきである。

(a) すべての段階および形態の教育に国際的側面および世界的視点をもたせること
(b) 国内の民族文化および他国民の文化を含むすべての人民ならびにその文化、文明、価値および生活様式に対する理解と尊重
(c) 諸人民および諸国民の間に増大する世界的な相互依存関係についての自覚
(d) 他の人々とコミュニケーションする能力
(e) 権利を知るだけでなく、個人・社会的集団および国家にはそれぞれ相互に負うべき義務もあることを自覚すること
(f) 国際的な連帯および協力の必要についての理解
(g) 個人がその属する社会、国および世界全体の諸問題の解決への参加を用意すること

5　国際教育は、学習、訓練、情報および行動を組み合わせ、個人の適切な知的および感情的発達を助長すべきである。国際教育は、社会的責任感および恵まれていない集団との間の連帯感を発達させるべきであり、かつ、日常の行動に

おける平等の原則の遵守に導くべきである。国際教育はまた、個人が国内的および国際的諸問題についての批判的理解力を習得すること、事実、意見および考え方を理解し説明すること、集団の中で働くこと、自由な討議を受け入れこれに参加すること、いかなる討議にも適用できる基本的な手続規則を遵守すること、ならびに関連する事実とその要因についての合理的な分析を基礎として価値判断および決定を行うことができる資質、適正および能力を発達させる手助けになるべきである。

6 教育は、拡張、侵略および支配を目的とした戦争および抑圧を目的とした武力や暴力の使用に訴えることが許されるべきでないことを強調すべきであり、かつ、平和の維持に対する各自の責任をあらゆる人々に理解させ負担させるようにすべきである。教育は、国際理解と世界平和の強化に貢献すべきであり、すべての形態および表示による植民地主義と新植民地主義、あらゆる形態および種類の人種主義、全体主義およびアパルトヘイトならびに国民的および人種的憎悪を醸成し、かつ、この勧告の目的に反する他のイデオロギーに反対する闘争における諸活動に貢献すべきである。

【解説】 ユネスコ（国連教育科学文化機関）が1974年11月19日に第18回総会で採択した文書。国連各加盟国はここに掲げられている諸原則を実施するために立法措置その他の対策を講ずべきものとしている。その内容は、用語の意味、適用範囲、指導原則、教師の準備、教具および教材、研究調査および実験、国際協力など45項目からなる。ここに紹介したのは指導原則についての4項目で、教育の目標を示している。世界人権宣言に掲げられた教育の目的を引用し、国際理解と世界平和の強化および人権の尊重のために教育は何を為すべきかを列挙している。ここに示された項目は社会科教育・歴史教育の内容を考える上で、現在の国際社会における共通の合意事項と見ることができる。

## 教育基本法（旧法）

われらは、さきに、日本国憲法を確定し、民主的で文化的な国家を建設して、世界の平和と人類の福祉に貢献しようとする決意を示した。この理想の実現は、根本において教育の力にまつべきものである。

われらは、個人の尊厳を重んじ、心理と平和を希求する人間の育成を期するとともに、普遍的にしてしかも個性豊かな文化の創造をめざす教育を普及徹底しなければならない。

ここに、日本国憲法の精神に則り、教育の目的を明示して、新しい日本の教育の基本を確立するため、この法律を制定する。

第1条（教育の目的）教育は、人格の完成をめざし、平和的な国家及び社会の形成者として、心理と正義を愛し、個人の価値をたっとび、勤労と責任を重

んじ、自主的精神に充ちた心身ともに健康な国民の育成を期して行われなければならない。

第2条（教育の方針）教育の目的は、あらゆる機会に、あらゆる場所において実現されなければならない。この目的を達成するためには、学問の自由を尊重し、実際生活に即し、自発的精神を養い、自他の敬愛と協力によって、文化の創造と発展に貢献するように努めなければならない。

第3条（教育の機会均等）すべて国民は、ひとしく、その能力に応ずる教育を受ける機会を与えられなければならないものであって、人種、信条、性別、社会的身分、経済的地位又は門地によって、教育上差別されない。

　②　国及び地方公共団体は、能力があるにもかかわらず、経済的理由によって修学困難な者に対して、奨学の方法を講じなければならない。

第4条（義務教育）国民は、その保護する子女に、九年の義務教育を受けさせる義務を負う。

　②　国又は地方公共団体の設置する学校における義務教育については、授業料は、これを徴収しない。

第5条（男女共学）男女は、互いに敬重し、協力し合わなければならないものであって、教育上男女共学は、認められなければならない。

第6条（学校教育）法律に定める学校は、公の性質をもつものであって、国又は地方公共団体の外、法律に定める法人のみが、これを設置することができる。

　②　法律に定める学校の教員は、全体の奉仕者であって、自己の使命を自覚し、その職務の遂行に努めなければならない。このためには、教員の身分は、尊重され、その待遇の適正が、期せられなければならない。

第7条（社会教育）家庭教育及び勤労の場所その他社会において行われる教育は、国及び地方公共団体において奨励されなければならない。

　②　国及び地方公共団体は、図書館、博物館、公民館等の施設の設置、学校の施設の利用その他適当な方法によって教育の目的の実現に努めなければならない。

第8条（政治教育）良識ある公民たるに必要な政治的教養は、教育上これを尊重しなければならない。

　②　法律に定める学校は、特定の政党を支持し、又はこれに反対するための政治教育その他政治的活動をしてはならない。

第9条（宗教教育）宗教に関する寛容の態度及び宗教の社会生活における地位は、教育上これを尊重しなければならない。

　②　国及び地方公共団体が設置する学校は、特定の宗教のための宗教教育その他宗教的活動をしてはならない。

第10条（教育行政）教育は、不当な支配に服することなく、国民全体に対して直接に責任を負って行われるべきものである。

② 教育行政は、この自覚のもとに、教育の目的を遂行するに必要な諸条件の整備確立を目標として行われなければならない。
第11条（補則）この法律に掲げる諸条項を実施するために必要がある場合には、適当な法令が制定されなければならない。
附　則　　この法律は、公布の日から、これを施行する。

【解説】　1947年3月31日に公布・施行された。新憲法の制定にともない教育勅語にかわる新しい日本の教育の基本を示すものとして作成され、翌年に教育勅語の失効が衆参両院で確認された。教育基本法は民主主義、平和、人類の福祉という憲法の理念を掲げ、この理想の実現は教育の力によるとしている。また、憲法前文に「政府の行為によって再び戦争の惨禍が起ることのないやうにすることを決意し」とあるように、戦争肯定の教育を再び政府が行うことのないように、第10条では教育行政は諸条件の整備確立を目標とするとして教育内容への行政の介入を排除している。現行の教育基本法は2006年12月15日に成立し、旧法の内容は大幅に変更され、著しく性格のことなるものとなっている。

## 教育ニ関スル勅語

朕惟フニ我カ皇祖皇宗国ヲ肇ムルコト宏遠ニ徳ヲ樹ツルコト深厚ナリ我カ臣民克ク忠ニ克ク孝ニ億兆心ヲ一ニシテ世々厥ノ美ヲ済セルハ此レ我カ国体ノ精華ニシテ教育ノ淵源亦実ニ此ニ存ス　爾臣民父母ニ孝ニ兄弟ニ友ニ夫婦相和シ朋友相信シ恭倹己レヲ持シ博愛衆ニ及ホシ学ヲ修メ業ヲ習ヒ以テ智能ヲ啓発シ徳器ヲ成就シ進テ公益ヲ広メ世務ヲ開キ常ニ国憲ヲ重シ国法ニ遵ヒ一旦緩急アレハ義勇公ニ奉シ以テ天壌無窮ノ皇運ヲ扶翼スヘシ是ノ如キハ独リ朕カ忠良ノ臣民タルノミナラズ又以テ爾祖先ノ遺風ヲ顕彰スルニ足ラン

斯ノ道ハ実ニ我カ皇祖皇宗ノ遺訓ニシテ子孫臣民ノ倶ニ遵守スヘキ所之ヲ古今ニ通シテ謬ラス之ヲ中外ニ施シテ悖ラス朕爾臣民ト倶ニ拳々服膺シテ咸其徳ヲ一ニセンコトヲ庶幾フ

【解説】　1890年10月30日制定。第1回帝国議会開会の1カ月前のことで、国民の意思を問う以前に天皇の勅語として教育の基本方針を定めたものである。儒教的徳目と天皇への忠誠を説き、「一旦緩急アレハ義勇公ニ奉シ天壌無窮ノ皇運ヲ扶翼スヘシ」とあるように戦争になれば天皇のために命を捨てることのできる人間をつくることを教育の目的としている。当時の首相であった山縣有朋が「余ハ軍人勅諭ノコトガ頭ニアル故ニ教育ニモ同様ノモノヲ得ンコトヲ望メリ」と後に語っているように、教育勅語は軍人勅諭（1882年制定）と並んで天皇制支配下の日本人の精神的支柱となっていた。実際に生徒は教育勅語の暗誦を義務づけられ、学校の儀式のたびに校長が朗読し生徒は頭を下げて聞くものとされた。

## b……………………インターネットの利用

　大学や義務教育に比べて、高校地歴科でのインターネットの利用は遅れている。中には、早くからホームページで授業を補充する情報を提供し、質疑応答やチャットの場を設けて生徒と交流してきた実践（たとえば、松井秀行 http://homepage2.nifty.com/mazzn/）もあるが、コンピュータに慣れていない教員も少なくない。しかし、「情報」自体を批判的に扱う学習は、理数系よりも地歴科や公民科の方が適している。

　インターネットはだれにでも開かれていて、生徒は直接アクセスできる。教室と学習指導要領の枠の中で教員が生徒に内容を授けるのとは全く違う。生徒がＥメールなどを使って教員に質問したり、ほかの生徒と、意見や資料を交換したりできる環境を整えれば、開いた姿勢で自ら学ぶことができる。「2ちゃんねる」やブログのように、学校よりさらに広い世界へと開いていくのも自然なのである。しかし、そこで交わされる歴史の議論には、不安を覚える教員も多いだろう。「自ら学ぶ」といっても、「学ぶ」着実さがなければ、「自ら」も活きない。相手も真偽も不確かな情報の海に乗り出していくとき、問われるのは歴史の素養であり、日常の学び方である。

　英米の歴史教育では生徒に史料を批判的に扱う演習をさせるので、その姿勢は電子情報にも活かされている。目指すのは生徒自身が歴史情報を批判的に活用できることである。資料を見る目を養うには良質の歴史情報に接して考える経験を積むのがよい。　歴史情報の収集で情報の流れを

　　　　A　　A1　情報源　⇒　教員　　　A2　教員　⇒　生徒
　　　　B　　　　情報源　⇒　生徒

と記すとき、初めは旧来の授業のように、教員がA1で収集をした資料を選択編集し、教材としてA2で学ばせるとしても、めざすのは生徒が自立して学ぶBの形である。A2の情報とBの情報との間に境を引く必要はない。Aの段階でも教員はなるべくA1の手の内を明かしてBへの助走を心がけていきたい。

　情報の発信や交流については情報教育論が詳しいので任せたい。

### 歴史情報収集のためのWEB重要サイト

学術・教育情報一般
　国立情報学研究所　http://www.nii.ac.jp/
　　（学術コンテンツポータルサイトGeNiiがある http://ge.nii.ac.jp/genii/jsp/）
　文部科学省　http://www.mext.go.jp
　　（学術・教育政策全般．国公立大学等へのリンク）
　教育情報ナショナルセンター　http://www.nicer.go.jp/
　　（学校教育・高等教育・生涯教育・留学生にわたる教育・学習情報）

歴史分野のリソース・リストとポータルサイト
　東京大学情報基盤センター・インターネット学術情報インデックス

http://resource.lib.u-tokyo.ac.jp/iri/url_search.cgi
　　（分類2歴史に200件以上のリンクがある）
　東大史料編纂所リンク集　http://www.hi.u-tokyo.ac.jp/link.html
　　（主要史料収蔵機関へのリンク）
　国文学研究資料館アーカイブズ関係データベース
　　　http://archives.nijl.ac.jp/dbindex.htm
　　（各地の史料所在情報データベースがある）
　東大東洋文化研究所アジア研究情報ゲートウエイ　http://asj.ioc.u-tokyo.ac.jp/
　　（アジア学研究情報への総合的なリンク）
　東南アジア史学会東南アジア関連リンク集　http://www.soc.nii.ac.jp/jssah/link.html
　　（東南アジア研究に役立つサイトへのリンク）
　文化遺産オンライン　http://bunka.nii.ac.jp/
　　（国内文化遺産のポータルサイト、文化財・博物館・美術館へのリンク完備）
　*VirtualLibrary*　http://vlib.org/
　　（世界的なリソースリスト．分野 Lettre の下に History, Meuseum がある）
　*The International Council of Museum*　http://icom.museum/
　　（世界の博物館情報）
　*International Council on Monuments and Sites*　http://www.icomos.org/
　　（世界の史跡・遺跡情報）

## 歴史資料を公開している主要機関
　国立国会図書館　http://www.ndl.go.jp/
　　（明治期刊行図書12万余冊と所蔵重要文化財等を画像で公開．所蔵資料から日本国憲法の誕生・近代日本人の肖像等を電子展示）
　東大史料編纂所データベース　http://www.hi.u-tokyo.ac.jp/ships/
　　（「大日本史料総合」「編年史料綱文」「維新史料綱要」「古記録フルテキスト」「古文書フルテキスト」など24のデータベースを公開．）
　アジア歴史資料センター　http://www.jacar.go.jp/
　　（国立公文書館・外務省外交史料館・防衛庁防衛研究所図書館所蔵の資料をデジタル画像で順次公開．既公開1270万画像）
　東大東洋文化研究所　http://ricas.ioc.u-tokyo.ac.jp/
　　（アジア史のデータベース20以上公開・田中明彦による「戦後日本政治・国際関係データベース」は基本史料多数を収載）
　国立歴史民俗博物館　http://www.rekihaku.ac.jp/research/database.html
　　（館蔵資料画像ほか、考古・民俗を含むデータベース多数）
　東京国立博物館　http://www.tnm.go.jp/　京都国立博物館　http://www.kyohaku.go.jp/
　　（全館蔵品の画像と説明のデータベース）
　奈良文化財研究所　http://www.nabunken.go.jp/
　　（考古学データベース14を公開）

個人等の運営しているリソースリスト
  *History/Social Studies Web Site for K-12 Teachers*
    http://k-12historysocialstudies.com/boals.html
    (Boals:幼稚園からの社会・歴史の教師のためのリスト. 授業の実践・自作教材・方法論も含み、情報の質の偏差はあるがアメリカの教育事情がわかる)
  歴史学関係 Web サイト調査　http://www.h-web.org/
    (鵜飼政志:日本史・世界史にわたる重要サイトを網羅)
  東洋史研究リンク集　http://t_links.at.infoseek.co.jp/
    (青木敦:中国史・台湾史・朝鮮史等の情報)
  世界史研究所　http://www.npo-if.jp/riwh/
    (南塚信吾主催:便利なリンク集がある)

〔人文系全体にわたる関連情報〕
  図書館員のためのインターネット　http://www2d.biglobe.ne.jp/~st886ngw/
    (長谷川豊祐:図書館・情報学関連の情報が豊富)
  *ARIADNE*　http://ariadne.jp/
    (二木麻里:欧米に詳しい先駆的な人文系リソースリスト)
  *ACADEMIC RESOURCE GUIDE*　http://www.ne.jp/asahi/coffee/house/ARG/
    (岡本真:インターネット上の最新の情報や動向の紹介、メールマガジンで配信)
  国内人文系研究機関 WWW ページリスト
    http://www.sal.tohoku.ac.jp/~gothit/zinbun.html
    (後藤斉:アカデミズムを越えて広く渉猟、地域別リストもある)

講義内容や著作等を公開している例　(注目される例にとどめる)
  日本 OCM (OpenCourceWare)　http://www.jocw.jp/
    (大学の講義情報を無償で公開、歴史系はまだ少ない)
  日本史近代を楽しむ野島研究室　http://www4.ocn.ne.jp/~aninoji/
    (野島陽子:近代史の研究方法・史料解説・東大での講義内容等を公開)
  二村一夫著作集　http://oohara.mt.tama.hosei.ac.jp/nk/
    (二村一夫:四十数年間にわたる労働史研究の著作・発掘資料をすべて公開)

メールマガジン・ニュースレターについて
  研究機関・学会・博物館・図書館・研究教育拠点 (COE) は新しい学術情報をEメールで配信することが多い。それぞれのホームページから申し込める。

WEB サイトについての注意
  インターネット上の情報の所在を示す URL はしばしば変えられる。ここでの記載も不変のものではない。アクセスできない対象は検索サイトで確認してほしい。
  なお、インターネット上の情報からの引用には著作権法が適用される。

## 執筆者紹介 （五十音順、＊は編者）

**鬼頭　明成**（きとう　あきなり）
元東京都立高等学校教諭　現在、立正大学心理学部教授
著書＝『第二次世界大戦　日中戦争Ⅱ』（太平出版社　1985年）、『東アジア世界の中の日本歴史』（あずみの書房　1990年）

**木村　宏一郎**（きむら　こういちろう）
元法政大学第二高等学校教諭　現在、立正大学・フェリス女学院大学非常勤講師
著書＝『忘れられた戦争責任』（青木書店　2001年）　編著書＝『生徒と学ぶ日本のアジア侵略』（地歴社　1986年）

**鳥山　孟郎**（とりやま　たけお）＊
元東京都立高等学校教諭　現在、青山学院大学非常勤講師
著書＝『考える力を伸ばす世界史の授業』（青木書店　2003年）　共著書＝『"歴史の討論授業"の進め方』（国土社　2002年）

**波多野　淑子**（はたの　よしこ）
元千代田女学園中学・高等学校教諭、元清泉女子大学非常勤講師
著書＝『海峡を越えて——イルボンと朝鮮』（評論社　1986年）　翻訳（韓国文学）＝『崔鐘進詩集・恋しさくるくる露の花』（私家版　2006年）

**別所　興一**（べっしょ　こういち）＊
元愛知県立高等学校教諭　現在、愛知大学経営学部教授
著書＝『渡辺崋山　郷国と世界へのまなざし』（あるむ　2004年）　論文＝「地理歴史科日本史Ａ・Ｂの学習指導」（『地理歴史科教育を考える』所収、杉山書店　1993年）

**堀崎　嘉明**（ほりさき　よしあき）
元愛知県立高等学校教諭　現在、人間環境大学・岐阜経済大学非常勤講師
著書＝『日本史の森で——学び教えて三十八年』（中部日本教育文化会　2003年）、『評伝雉本朗造——地域と知の形成』（風媒社　2006年）

**松本　通孝**（まつもと　みちたか）
現在、青山学院高等部教頭　元青山学院大学・東京学芸大学非常勤講師
論文＝「歴史教育と国民の戦争責任」（『アジアの近代と歴史教育』所収、未来社　1991年）、「明治期における国民の対外観の育成」（『越境する文化と国民統合』所収、東大出版会　1998年）

**村瀬　克己**（むらせ　かつみ）
元香川県立・神奈川県立高等学校教諭　元清泉女子大学非常勤講師
論文＝「疑問を育てる」（『日本史教育研究』134号　1996年）、「学習用史料についてのメモ」（同上144号　1998年）

**安井　俊夫**（やすい　としお）
元千葉県松戸市立中学校教諭、元愛知大学経済学部教授　現在、愛知大学非常勤講師
著書＝『学びあう歴史の授業』（青木書店　1985年）、『歴史の授業108時間　上・下』（地歴社　1990年）

| 入門・歴史教育──授業づくりの視点と方法 |

2006年9月9日　第1刷　　2007年6月14日　第2刷発行

編著＝別 所 興 一・鳥 山 孟 郎
発行＝株式会社あるむ
　　　〒460-0012　名古屋市中区千代田3-1-12　第三記念橋ビル
　　　Tel. 052-332-0861　　Fax. 052-332-0862
　　　http://www.arm-p.co.jp　　E-mail: arm@a.email.ne.jp
印刷＝松西印刷　　製本＝中部製本

ISBN4-901095-73-0　C1020

## 既刊書より

### ええじゃないか ………… 愛知大学綜合郷土研究所ブックレット❶

■渡辺和敏著　Ａ５判102頁　定価（本体1000円＋税）ISBN4-901095-31-5

慶応三年（一八六七）の秋から翌年春にかけて、東海道・中山道・山陽道筋とその周辺や四国などでさまざまなお札が降り、世にいう「ええじゃないか」騒動の乱舞が展開された。この騒動の発端は豊橋市の旧牟呂村で起った。本書は牟呂八幡宮の神主が事件直後に『留記』として残した貴重な資料を中心にして、日本の転換期に発生した特異な宗教活動「ええじゃないか」の全体像を描き出したものである。巻末に『留記』全文を掲載する。

【主な内容】
一　「ええじゃないか」騒動の発端
二　おかげ参りとお鍬祭りの伝統
三　幕末期の諸情勢
四　「ええじゃないか」騒動の展開
五　「ええじゃないか」騒動の意義
引用文献　　森田家寄託文書『留記』

### 渡辺崋山　郷国と世界へのまなざし ………… 愛知大学綜合郷土研究所ブックレット❼

■別所興一著　Ａ５判86頁　定価（本体800円＋税）ISBN4-901095-45-5

「見よや春大地も亨す地虫さへ」と若き日に詠み、蛮社の獄にたおれた知識人・渡辺崋山は、倫理＝儒学と世界認識＝蘭学を生のうちに統合した思想家であった。本書は、藩政をあずかる政治家、旺盛な好奇心をもつ生活者、風雅の世界にあこがれつつリアリズム精神を手放さなかった画家──渡辺崋山の全体像を、郷国三河田原で研究してきた著者が、絵画作品や文書に拠って描いたものである。ここには、いつの時代を生きる者の胸にも宿るべき"世界に開かれた"ヒューマンな精神が息づいている。

【主な内容】
はじめに──今なぜ渡辺崋山か
一　崋山の生い立ちと画業
二　郷国田原へのまなざしと民生安定の努力
三　崋山の学問観と世界認識
四　蛮社の獄と田原幽居の生活
五　崋山没後の田原と日本
主要参考文献　　渡辺崋山略年表

弊社ホームページ http://www.arm-p.co.jp/publish/